WINNING MARKETING

制胜营销

2015金麦奖营销案例精粹

金麦奖组委会◎编著

红旗出版社

本书编著者名单

主　　　编：徐高春　刘晓明　张雪南

副 主 编：郑永标　卢成南　方卫英

执行副主编：许　新　章　晗　宋春刚

主 撰 稿：金定海

编　　　委：胡新平　孙　凡　杨统昆　朱红武　山　琳

李信赢　沈雨琛　董君卿

编　　　辑：吴冰冰　周志平　阎 峰　顾海伦　吕文婷

毛天怡　尚　禾

目录
CONTENTS

中篇 脑洞大开的经典营销案例

下篇 电商营销方法论

序

PREFACE

融合与互生

去年开始着手编撰金麦奖案例，探究电商领域的神秘生态圈，其精彩程度可谓令人叹为观止，于是就有了“网络是未来生活的组织者”一说。

今年，再次面对这些体系庞大的出色案例，不得不感叹，电商行业变化的速度着实令人咋舌，不到一年时间，很多去年还在津津乐道的观念、方法、创意却已被拍死在沙滩上，不得不说，在这个生态圈中，面对改变，你唯一能做的就是“改变”。因为一个营销观念一旦被认可，就意味着过时；一种营销方法一经使用，就会被淘汰。

去年所强调的“融合”观念始终贯彻，毕竟从传统经济到互联网经济，“融合”是整个行业乃至社会经济的大趋势。从以B2C、C2C为主的电商1.0时代，到移动电商、社交电商迅速发展的电商2.0时代，消费者单纯的线上购物行为被固化，进而打破时空的购物需求被满足，越来越多的品牌身处电商生态圈，选择“融合”：平台与模式、产品与服务、线上与线下、入口与场景、创意与技术……

融合是指两种或多种不同事物的合成，它的最高境界是“融为一体”。这里所谓的“一体”，就不是原来的东西了！本质上，融合是一种重构。咖啡加奶，结果可能有两种，咖啡牛奶或牛奶咖啡，这是两种价值形态的东西。当平台电商化，服务电商化，品牌电商化之后，我们的企业一定面临着一个孰先孰后、孰轻孰重的战略选择。看似我中有你，你中有我，但终归还是需要有个主导性的概念和结构来统摄，否则，将产生系统的排异性。如果无法获得系统的再平衡性，这样的融合将是失败的。那种不分彼此的表面融合，实际上是不存在的，也是无法获得创新驱动力的。

于是，就有了“互生”的概念，它是指两种可以单独生活的生物，当它们在一起时，通过各自的代谢活动而有利于对方，甚至偏利于对方的生活方式。这是一个来自生物学的概念，无形之中更契合我们常用的“生态环境”来形容电商消费市场的比喻。更重要的是，“互生”的概念强调了两者并非完全合二为一，而是围绕一个共同点交互生长，同时也强调了两者结合后并不能只是静止在“融合”的状态，而应该互助互利，共同前进。

《制胜营销》是2015年度金麦奖案例的汇编，沿用去年的体例，上篇是对于2015年电商生态圈的总结报告；中篇挑选了金麦奖的获奖案例，寻访企业，深度剖析得奖案例背后的故事；下篇则综合了所有得奖案例，挑其精髓部分，整理出了一些电商营销方法论的内容。结合宏观、中观和微观的研究方式，构建起了一本书的层次和体系。

金定海

2016年8月12日

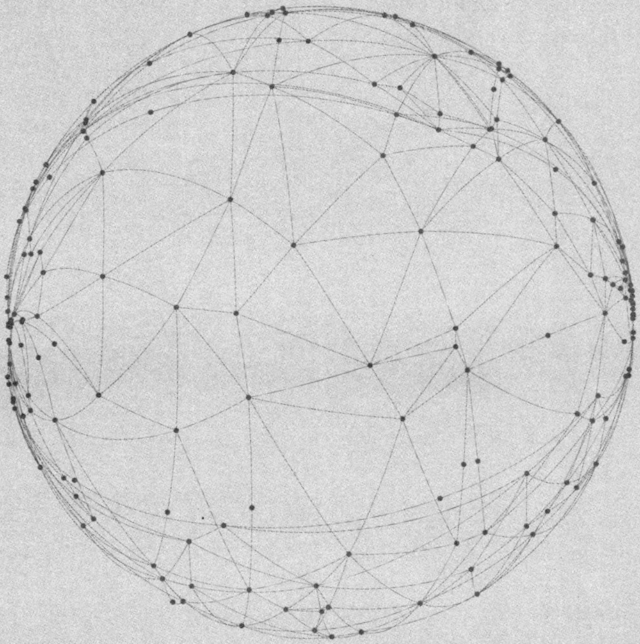

PART ONE

/ 上篇 /

重构价值连接——2015 中国互联网营销分析报告

如今，一切都在强调连接，当连接成为普遍现象，连接的价值就下降了。重构连接，创新连接，就成为未来必须面对的价值选择。

网络生成的技术连接，从来都不是一个单纯的技术事件，尤其是在商业化、全球化以后，它已经渗透到我们生活中的每一个细节，它已经成为一个管理事件，甚至是一个思想事件。物联网时代正在到来，越来越多的商品正在被装上传感器和微芯片，通过物联网变得“智能化”。

2015年互联网营销趋势的核心主题，就是通过11个关键词，来阐述如何重构连接，如何让连接价值化的问题。

政策：准入开放与再秩序化

克林顿1992年竞选美国总统时的口号是："笨蛋，是经济！"此语挖苦对手老布什在经济政策上的失误。最终，克林顿赢了。

2015年，对中国电商的影响及形塑的最大因素，是政策！只有懂得和理解政府密集出台的各类电商政策以及政策的导向，才能发现新目标，形成新策略。

2014年，中国电子商务研究中心高级分析师张周平在《2014年中国电子商务领域十大政策解读》一文中，罗列了当年政府出台的主要电商政策，诸如各类税收办法、管理办法，主要是业务政策。

2015年，国务院、商务部以及各级地方政府出台大量宏观、导向型电商政策。3月，李克强总理在第十二届全国人民代表大会第三次会议上提出，并于5月由商务部对外公布《"互联网+流通"行动计划》；6月，李克强总理主持召开国务院常务会议讨论通过，并于7月由国务院发布《关于积极推进"互联网+"行动的指导意见》。

2015年5月，国务院颁布《关于大力发展电子商务加快培育经济新动力的意见》；6月，国务院常务会议审议通过了《关于促进跨境电子商务健康快速发展的指导意见》，当月，国务院办公厅印发《关于促进跨境电子商务健康快速发展的指导意见》；2015年5月以来，国发24号、40号，国办发59号、72号文件相继发布，均涉及加快发展农村电子商务的内容。同年8月，由商务部牵头、19个部门联合发布了《关于加快发展农村电子商务的意见》；9月，国务院办公厅发布《关于推进线上线下互动加快商贸流通创新发展转型升级的意见》。

政策的本质其实是一种准入开放与再秩序化。上述文件的出台，是对电子商务的全新约束与管理，但其核心目的，是为了减少机制体制的障碍，促进消费新途径升级，促进商业模式创新。电子商务是经济新动力，是商贸转型升级新机遇；跨境电商和农村电商，是经济新增长点。这些政策通过对电商在金融和支付方面的更多规范（这些规范政策本质是积极的而非消极的），让电商更多更好地融入中国流通领域，形成来自消费方面的力量，目标最终指向振兴实体经济。积极拥抱实体经济，是中国电商的根本性战略目标。

同时，从政策文件的内容上，也可以明显地看出在2015年，哪些领域是电子商务发展的重点。比如《关于促进跨境电子商务健康快速发展的指导意见》针对的“跨境电商”，《关于加快发展农村电子商务的意见》针对的“农村电商”等，都是2015年的焦点市场。

政策是一种外部性因素，何况，政策对产业的催化将是一个长效过程，而且政策的催化需要条件，这个条件不是别人给予的，而是中国电商2015年之后即将面临的增长极限约束。

极限：中国电商面临增长极限

1972年，美国的梅多斯、兰德斯等人写下了《增长的极限》，从资源约束等角度，谈到了人类发展的指数型增长的极限。

因此，政策之外，我们还要追究资本、技术这些生产要素以及产业结构等内部性因素将如何深刻塑造2015年及之后的中国电商。

2015年中国电商市场的结构性改变，是突出的事件。美团合并大众点评，大众点评投资饿了么，改变餐饮电商格局；滴滴、快的合并，专车、拼车改变了人们出行方式并沉重打击了传统的出租车行业；携程与去哪儿合并，改变了在线旅游市场；58同城与赶集网合并，改变了本地生活网络服务市场。在不同行业内，开始出现了垄断趋势，阿里系和腾讯京东系则被直接称为零售电商双寡头。以上改变，我们可以称之为资本的驱动，也可以看成市场的演进和成长。然而，问题的关键在于，垄断之后市场会怎样继续演进?

然而与此成长相伴的，则将是电商的一种深刻的内部性危机。学者吴德胜和李维安采用搜寻理论，对网络购物的模式作了深刻的分析。对于搜寻成本对网上市场声誉机制的影响，他们认为：尽管搜索工具提高了网上交易市场的效率，但搜寻成本不可忽视。当网上规模迅速扩大，搜寻成本高企，会导致不同声誉水平的卖家同时存在于网上交易市场，鱼龙混杂。事实也确实如此，“双十一”之后，新华网称1.8亿件包裹、首日处理量达6000多万件，是“双十一”留给快递业最严峻的考验；《今晚报》则称“双十一”当日投诉、举报量同比增长超过五成；《新民晚报》报道，有商家先涨价后打折，“双十一”存在价格欺诈。如果以“双十一”和“被骗”为关键词搜索，则可以找到196万条记录。某电商被退货574亿的网络谎言到处流传，则反映出严峻的电商舆情。

两位学者还认为：搜寻效率的提高和网站提供的推广服务也可以降低均衡价格水平。

因此，一体两面的两个关键问题摆在了面临增长极限的中国电商面前：规模怎么控制？搜索成本怎么降低？

2008年的全球金融危机，创造了一句流行语：Too big to fail（大而不倒）。面对一边倒的舆论指责以及在物流、服务、假货管理、声誉管理等各方面面临巨大压力的中国电商巨头，要么控制规模，要么在技术上进行革命性突进，降低买家的搜索成本。

淘宝的分拆和天猫的诞生，正是这种内部性规模极限压制形成的效应。就某些商品品类来说，从天猫、淘宝分流到唯品会、京东，也是这种增长极限效应的证明。对阿里系来说，仅仅有天猫和淘宝的二层次架构是不够的，必须进一步分拆，形成更多新的垂直电商平台。跨境电商、农村电商在2015年的崛起，与其说是市场的催动，不如说是电商市场增长极限效应的催逼。此外，阿里当前在多个领域的投资，也正是这种增长极限下的战略选择。

新的垂直电商，还有空间！

移动：突破“时间零和”效应

技术在2015年中国电商的成长中也起到了巨大作用。阿里巴巴在2015年实现了多项世界级技术创新：全球最大规模混合云架构；全球首个核心交易系统上云；1000公里外交易支付“异地多活”创建；全球首个应用在金融业务的分布式关系数据库OceanBase建立。但最核心的技术，是向移动端转移的技术。

2015年，“双十一”全球狂欢节落下帷幕，全天交易额达912.17亿元，其中无线交易额为626.42亿元，无线成交占比68.67%。阿里巴巴集团CEO张勇认为：“我们已经通过无线作为最主要的方式服务我们的消费者。”

但是，向移动端的转移，究竟有何更深的意义和影响？

财经学者吴晓波认为，流量分发曾经是最大的互联网生意模式，但在今天，平台流量的价值正在下降。在刚刚过去的2015年“双十一”，阿里有如此强悍的平台和流量能力，仍然需要大规模的地面造势及新旧媒体广告投放才能聚拢生意。

美国《赫芬顿邮报》新闻网站呈现出一种趋势：“网页搜索和社交分享成为新闻网站最主要的导流手段，社交分享甚至已为新闻网站贡献30%到50%的流量。”社交，将替代流量分发的平台模式而成为互联网最大的生意模式。移动端，是最大的社交工具。2015年，微信用户数据报告表明，每日5.7亿活跃用户，80%通过移动端上网。

为什么移动有这样的效应？除了移动更适应于社交，还因为移动帮助人们突破了媒介使用的“时间零和”。华裔学者祝建华提出过“权衡需求理论”：在稳定的媒介环境下，如互联网之前的电视、电台和报纸的时代，人们使用媒介的总时间大致稳定，选择一种媒介，则会减少另外一种媒介的使用时间，这就叫时间零和。但是，手机、PAD，让我们24小时永久在线、永久互联，使得媒介使用的时间和空间大大扩增，突破了大众传媒时代的时间零和。

全面走向移动，是电商未来制胜的核心！

跨境：连接品质消费

从2011年起，跨境电商的交易规模以每年10%左右的幅度在增长，尤其在2015年，越来越多的电商开始“押宝”跨境电商。海关总署的数据显示，2015年，我国跨境电子商务出口和进口同比分别增长了4.9倍和16倍。2016年年初李克强总理在《政府工作报告》中提出，“要扩大跨境电子商务试点”、“降低部分消费品进口关税，增设免税店”。

根据商务部发布的数据，由于经济下行压力加大，2015年全年我国进出口总值为24.58万亿元，同比下降了7%。但商务部表示，2015年市场多元化取得进展，对“一带一路”相关国家的出口保持增长，尤其是新型商业模式，比如跨境电子商务等正在逐渐成为外贸发展新的增长点。数据显示，2015年跨境电子商务的增速高达30%以上。根据商务部的预测，2016年我国跨境电商进出口贸易额将达6.5万亿元，未来几年跨境电商占中国进出口贸易比例将会提高到20%，年增长率将超过30%。

2015年3月，中国（杭州）跨境电子商务综合试验区在杭州成立，截至2015年12月底，杭州跨境电子商务交易规模从2014年的不足2000万美元快速增至34.64亿美元，仅在阿里巴巴国际站上经营的杭州企业数就超过3500家，新增有实绩企业超过1500家。数据显示，杭州跨境电子商务综合试验区2015年新引进跨境电商产业链企业366家，其中龙头企业99家；普洛斯、深国际等世界500强企业，京东、敦煌网、大龙网、有棵树、深圳傲基等知名电商投资项目纷纷落户。为进一步推广杭州跨境电子商务综合试验区的“六体系两平台”模式，国务院于2016年1月15日，印发《关于同意在天津等12个城市设立跨境电子商务综合试验区的批复》，同意在天津市、上海市、重庆市、合肥市、郑州市、广州市、成都市、大连市、宁波市、青岛市、深圳市、苏州市12个城市设立跨境电子商务综合试验区。2015年5月，全国首个跨境电商产业联盟在浙江成立，其主要任务是向有关部门反映企业需求及提供决策信息，推动跨境电子商务行业交流及联盟内部成员间的横向合作，以及产业链上下游间的纵向合作。为了促进跨境电子商务的创新发展和对外贸易的转型升级，杭州跨境电子商务协会（HCEA）在2015年8月成立。以上这些机构和试验区的成立，说明我国的跨境电商格局正在逐步走向规范化和规模化。

产品品质、价格和品牌偏好是跨境交易最主要的三个核心驱动力。随着国民整体生活水平的提高，现在中国的消费者对品质的追求越来越高。同时消费者又因为各种产品质量问题曝光而对国内的产品缺乏信心。在消费中，互联网加上特定的品牌偏好和产品利益，就变成了跨境的时尚。所以本质上说，跨境所做的，是连接品质消费。

而对电商来说，从事跨境电商，不仅要看到跨境这个热门现象的表面内容，更要从本质上去思考，消费者选择跨境购物的根本原因，这样才能更好地洞察消费者心理，从而形成自己的品牌竞争优势。

农村电商：重构生产关系

马克思说，消费就是生产。农村电商是重构生产关系的重要环节，它构建了一个新的平台，释放了农村生产力。可以预见，在城市网络消费市场增速放缓的新时期，电子商务将会成为中国农村经济的必备生产力要素，而农村市场则会成为电子商务下一轮增长的新引擎。

2015年，几个主要的电商平台，都基本完成了对农村电商的布局。其中，典型的例子就是阿里巴巴集团在2014年下半年开始布局的“千县万村计划”。该计划预期将在三到五年内投资100亿元，在全国范围内建立1000个县级运营中心和10万个村级服务站。“千县万村计划”的实施，催生了许多农村地区“淘宝村”的出现，这些淘宝村既化解了农村信息化水平低下的难题，又促进了农民生活水平的提高，拉动了农村经济的发展。截至2015年12月底，阿里巴巴已经在200个县建设了1万个农村淘宝服务站。此外，截至2015年11月，京东已开设600个县级服务中心、1100个京东帮服务站，招募了12万名乡村推广员；苏宁在2015年元月才提出农村电商计划，到11月实际已建成1000家苏宁易购服务站；中国邮政加速农村电商布局，仅陕西就新建村级服务点3000个，而上一年就开始试点的山东、河南建设规模更大。中国电信也开始觊觎农村电商，在青海省开展了村级电商服务点建设试点，从代收费服务切入农村电商市场。（数据来源：中国电子商务研究中心）农村电商对农村生产力的解放和消费的带动，具有极其重要的意义。

在这个跨境融合、移动互联的大数据时代，对于电商企业来说，单纯的买货和卖货仅仅是农村电商生态的一个部分，通过电商平台将整个农村的生活业态重新整合起来，为农民提供生产、生活、销售等全方位的服务，才是农村电商的终极目标。2015年11月，农村淘宝服务站演变为“网商银行农村分行”后推出旺农贷，有贷款需求的农民，直接去当地农村淘宝服务站，即可进行无抵押、无担保纯信用贷款。2016年年初，淘宝又推出“农村医院”，人们可通过当地农村淘宝服务站进行视频就诊，包括消化内科、内分泌科、中医科、皮肤科等13个科室，诊断完毕后开出电子处方，送药上门。阿里巴巴合伙人、农村淘宝事业部总经理孙利军曾表示，农村淘宝的终极目标是“智慧农村”，把每个村级服务站点升级为生态服务中心、民生服务中心。而依托阿里巴巴集团的电商生态圈，未来可以把阿里健康、阿里旅行、阿里通讯、蚂蚁金服等便民服务业务，都集中到农村淘宝这个平台落地。

生鲜：快消品中的快消品

2015年，生鲜也是电子商务领域发展较快的一个领域。近年来中国城镇居民人均可支配收入逐年提升，恩格尔系数呈现下降态势，人们的生活水平不断提高；消费的升级，使得人们对产品的需求层次也在不断递进，生鲜电子商务符合人们的消费趋势，迎来爆发期是水到渠成。中国电子商务研究中心（100EC.CN）监测数据显示，2015年全国生鲜电子商务交易规模达到560亿。根据尼尔森的数据，生鲜消费的驱动因素中，最主要的三个方面分别是新鲜、便利和实惠。生鲜产品大多数都是食品，而消费者对食品品质的要求是最高的，因此生鲜产品是否新鲜是消费者最关注的问题。作为快消品中的快消品，生鲜电商对产品品质和服务的要求非常严苛，尤其是物流、客服等基础服务的质量，直接决定了消费者对品牌和产品的喜恶。

尼尔森在2015年10月发布的《中国生鲜电商行业发展白皮书》中写道：30岁左右的白领是在线购买生鲜产品的主要消费人群，生鲜网购消费者平均年龄为33岁，八成以上已婚，学历较高（81%为本科及以上），平均家庭月收入高达1.9万元左右，以在公司从业人群为主。各生鲜品类中，网购奶制品的消费者占比最高（63%），其次是水果（51%），网购蔬菜/肉类/水产的消费者比例相对较低（合计38%）。与传统线下渠道购买相比，生鲜网购呈现购买频次低、客单价较高的特点。

生鲜曾经是国内电商领域仅存的“处女地”之一，从2012年开始，随着配套物流等基础服务的完善和消费者的需求增长，生鲜市场开始受到关注。平台型电商巨头们开始积极布局生鲜市场，垂直型生鲜电商也进入快速发展阶段。网络已经成为消费者购买生鲜的主要渠道之一。2013年，生鲜电子商务交易规模为130亿，2014年约为260亿，2015年达560亿，预计2018年将达到1283亿。

2015年，生鲜电子商务成为资本关注度较高的电商领域，许多垂直电商和平台型电商都加入了生鲜市场的争夺战之中，各种模式、概念、推广手段和营销方式层出不穷。几大生鲜电商在2015年都获得了上亿元规模的融资。生鲜电商企业融资的方向，基本上分为三类：第一类，投向大型互联网企业，比如百度投资我买网、阿里收购易果、京东领投天天果园、亚马逊入股美味七七；第二类是投向相关大型集团，比如甫田网、高鑫零售和菜管家被光明集团收购；第三类是选择独立上市，比如已经在新三板上市的盛盈汇和即将上市的沱沱工社，还有本来生活、拼好货等也正在迈向上市。

不论是从“小而美”走向“大而全”，还是从O2O模式走向共享经济模式，足不出户就能选购生鲜产品的时代已经到来，这是电子商务改变消费者生活的又一个典型案例。不过在2015年，生鲜电子商务行业同样暴露出许多问题。水果营行涉嫌诈骗、一亩田刷单做假、部分生鲜电商被爆料虚构产品资质等事件的发生，意味着生鲜电子商务的规模虽然已经足够大，但是市场的监管和相关政策的落实、完善，依然滞后于市场的发展速度。同时，生鲜电商自身也需要在货源、客源、物流、竞争策略等方面进一步优化，在发展中解决问题和完善自身。

电商金融：融资理财重塑生态

2014年的国务院《政府工作报告》首次提出“促进互联网金融健康发展”；2015年的《政府工作报告》用“异军突起”来评价互联网金融的发展，并继续提出“促进互联网金融健康发展”；2016年的《政府工作报告》提出要“规范发展互联网金融”。“互联网金融”连续3年被写进《政府工作报告》，且关注点从“促进”变为“规范”。电商金融作为互联网金融的一个方面，其版图已经扩展到支付、信贷、融资等多个金融领域。几乎所有成规模的电商网站都在尝试试水电商金融，各种金服公司更是多得令消费者眼花缭乱。

根据蚂蚁金服对外公布的2015年支付宝年账单，2015年，支付宝人均支付金额迅速增长，其中上海人均支付首破十万，浙江、北京、江苏、福建分列2～5名。在支付手段方面，2015年移动支付笔数占整体比例高达65%，而2014年这个数字是49.3%，2015年比2014年增长了15.7个百分点，可见，移动支付正在迅速地渗透到现代社会中，重塑现代人的生活方式和现代经济形态。

除了支付，理财、融资也是电商金融的重要角逐市场。支付宝2015年全民数据显示，参与招财宝和余额宝的理财用户，人均获得256.7元的收益。这批理财大军中，80后理财人群占比40.6%，90后理财人群占比37.3%，可见90后与80后一起成为互联网理财人群的中坚力量。在90后用户中，学生群体崛起迅猛，18～22岁的中学生和大学生用户的占比达到近20%。

除了阿里巴巴集团旗下的支付宝，京东、苏宁等电商后起之秀也同样不甘放弃电商金融这一巨大的市场。2013年开始独立运营的京东金融同样在消费金融、第三方支付、供应链金融、众筹、理财、保险和证券领域展开布局，目前已拥有近亿用户，团队规模达1000人，在2016年年初的融资中，估值达500亿人民币。据中国电子商务研究中心监测数据显示，截至2015年年末，苏宁易付宝注册用户数已超过1.3亿；截至2015年年末，光大银行“云支付”交易规模突破1万亿，其中B2C网上支付客户规模突破1000万，交易金额超3000亿元，同比增长超过200%。

对于消费者来说，电商金融的快速发展，能够使交易渠道更加多样化，交易方式更加便捷；同时，交易介质的数字化、虚拟化，使得金融服务超越了时空的限制，这些都符合消费者的利益。对于电子商务企业来说，电商金融的内涵是借助融资理财来重塑互联网商务的生态，同时利用金融服务聚拢更多的消费者，培养用户黏性与品牌忠诚度。

此外，由于互联网金融行业准入门槛较低，监管政策相对宽松，互联网金融市场良莠不齐。2015年，“泛亚事件”“e租宝事件”等金融事件的发生，暴露出整个互联网金融狂潮背后的巨大隐患。随着2015年下半年互联网金融领域监管法案的逐项出台，电商金融的法制化、安全化，也将成为各大电商品牌关注的焦点。

微商：基于圈群的信任交易

微商的异军突起，很大程度源于支付体系的日益完善，以及社交平台优质的用户体验。但是作为一种个人对个人的交易行为，其本质上还是一种基于圈群的信任交易。由于微商纳入政府监管的时间并不长，尚存在很多问题。一是微商缺乏信用保证体系，如出现消费纠纷，消费者维权难；二是一些微商存在虚假宣传行为，实物与宣传不符；三是部分微商的“积赞”等活动难以兑现承诺。根据艾瑞的数据，2015年微商用户的购买原因中，熟人推荐、方便以及货源可信等原因的排名都很靠前。对于微商来说，其自身个体就是一个品牌，其用户的口碑很大程度上决定了其所销售产品的可信度。圈群是微商生存与发展的基础，而圈群的特殊性又决定了交易的定制化。

据中国互联网络信息中心公布，2015年6月，通过移动设备访问互联网的总人数达到5.94亿，中国移动端网民达到6.68亿。美国电子商务市场研究公司预测，到2016年，以微商为代表的移动电子商务的销售额将占中国总零售额的10.9%，占总网络零售额的55.5%。

2015年，除了微信平台，一些成熟的电商平台、传统企业也开始大规模试水微商。但是总的来说，作为一种新的电商销售模式，微商的形态还不是太成熟，行业发展时间短，准入门槛低并且缺乏相关的规范标准、监管体系和维权机制。其中，个体卖家鱼龙混杂，货品真假难辨，价格混乱。2015年2月，微信官方曾发布关于整顿多级分销模式行为的公告，一旦发现违规行为，就将永久封号处理。2015年5月，受外界负面舆论盛行的影响，国内微商行业经历了销售额的断崖式下滑，数据显示，多数微商企业销售额下跌了80%至90%。现在，受此前的负面舆论影响，企业涉足微商领域态度都比较谨慎。但是不可否认，微商行业的机遇与挑战并存，其具体的发展形势还需要更多时间的考验。

服务：业务的增值和人性化

2015年，电子商务企业都强调对服务进行全面强化。强化服务的内涵是业务的增值与人性化。

首先是基础服务的完善。基础服务主要包括物流、支付、售后等方面，在电子商务市场竞争异常激烈的今天，这些基础服务的好坏将会直接影响电商的品牌美誉度。今天的电子商务市场已经从早期的粗放式争夺用户，进化到了精细化管理的阶段，这个阶段需要强化的就是对这些基础服务的改善。

据中国电子商务研究中心监测数据显示，2015年快递业务量完成206亿件，同比增长48%；快递业务收入完成2760亿元，同比增长35%。2015年中国第三方移动支付市场交易总规模达9.31万亿元，同比增长57.3%。

此外，今年各大电商也开始重视强化升级服务。升级服务的出现，说明了电子商务的社会作用，除了单纯的销售产品，也开始向为消费者提供原生化、场景化的内容定制转型。比如，一些针对时尚女性用户的垂直电商，会为消费者提供各种类型的穿搭建议；一些销售母婴产品的电商，会每天发布各种育儿、产后护理方面的资讯内容，还会提供用户间信息交流的平台，提高用户使用的时间和频率。

支付宝发布的2015“互联网+”城市服务报告显示，截至2015年年底，全国已有19个省份、124个城市入驻支付宝城市服务平台。包括车主服务、政务办事、医疗、交通出行、充值缴费等在内的9大类服务，涉及40个不同类别，共计4000多项业务，为超过1亿的用户提供简单便捷的服务体验。自2015年4月以来，各地政府与各类公共机构不断接入支付宝城市服务平台，快速建立手机上的“市民之家”，优化配置社会服务资源，让公众享受更加高效、优质、便捷的服务。

除了业务增值和人性化的内涵，电子商务服务的强化，也能够反映出各类电商在激烈的市场竞争中，尝试通过服务内容的转型升级，来达到争取用户、保持用户黏性的根本目的。

并购：快速垄断创造利润

2015年，中国电商迎来了一个资本动作频繁的并购高峰。围绕中国互联网巨头之间展开的各种类型的电商并购案例频现。

有的并购使你死我活的竞争对手一夜之间变成了“亲如一家”的“自己人”，比如2015年2月令人大跌眼镜的“‘滴滴’‘快的’情人节牵手”，新公司实行联合CEO制度，业务依旧各自独立；同年4月，58同城入股赶集网，双方未来将共同成立58赶集有限公司，新公司将采取双品牌战略；2015年10月，美团与大众点评联合发表声明，正式宣布达成战略合作，双方已共同成立一家新公司，新公司将成为中国O2O领域的领先平台。

有的并购使强者愈强，比如携程分别在2015年5月和10月，并购了艺龙和去哪儿，作为在线旅游市场的老大，携程此举依靠投资入股与行业内竞争公司形成利益绑定，既可以减少价格战带来的资金消耗，又可以降低恶性营销带来的负面影响。更重要的是，通过这一系列资本运作，携程将搭建起庞大的旅游生态闭环链，打造出一个独立于BAT之外的、以自身为中心的旅游业闭环。

此外，跨领域并购也成为各大互联网企业完善自身产业链、改善互联网生态系统的新选择。如2015年10月阿里巴巴对优土集团的收购案例，以及京东、腾讯的战略合作，等等。总体而言，中国互联网领域强强联合的趋势愈发显著，电子商务的寡头格局初现端倪。以阿里巴巴为例，其行业版图在2015年向汽车、硬件、社交等多个领域扩张。据不完全统计，2015年1月至8月，阿里巴巴并购与投资20余起。比如，3月阿里24亿入股光线传媒成第二大股东；6月收购国内安全公司翰海源；6月12

亿元入股第一财经；7月追投滴滴快的；8月以283亿战略投资苏宁；另外还在12月份收购了《南华早报》。

并购案频发的另一个显著作用是打通了实体经济与互联网经济，2015年线上线下的并购成为热点。这方面的显著案例是8月阿里巴巴集团战略投资苏宁、京东43亿入股永辉超市，以及7月沃尔玛对一号店的收购。不论是线上投资线下，还是线下收购线上，都说明了重塑渠道价值的重要意义，以及未来实体经济与互联网经济必然会相辅相成，相互支持，共同发展。

品质：消费终归是理性的

从制造走向质造，这是消费的必然选择。消费者对品质的追求，本质上体现的是消费理性的回归。

如今在网络上有太多对电商产品品质、服务品质的抱怨，对于电商企业和品牌来说，必须意识到，抱怨就是下一个利润点。对品质的改善能够为电商创造出区别于其他品牌的更强的竞争力。近年来，跨境电商的突飞猛进，其实质就是现在中国产品的品质没有达到消费者的预期，质量问题层出不穷。据商务部的数据显示，2015年中国游客在境外消费约1.2万亿元，继续保持世界主要旅游消费群体称号。海外产品成为品质消费的代名词，而事实上，中国本身在生产制造领域具有很强的优势。在扩大内需的过程中，应该发挥中国消费者的潜力，让中国的优势制造业与消费结合。电子商务的出现和壮大，理应能够为中国的制造业提供很好的发挥平台，打造以品质取胜的自有产品，探索一条拥有独立品牌的新道路，而不是再跟以往一样，依赖外贸代加工的模式生存，同时还被冠以“价廉质劣”的标签。

2015年5月19日，国务院印发《中国制造2025》，提出了实现中国制造向中国创造转变、中国速度向中国质量转变、中国产品向中国品牌转变，实现中国制造由大变强，紧抓重点领域，完成重大工程。2015年，阿里巴巴旗下淘宝网的优秀自主品牌专属频道“中国质造”正式上线。截至2015年12月底，“中国质造”平台已对接全国114个重点产业带，超过4500家制造企业入驻，预估年产值接近100亿元。该频道不仅为优秀的中国制造企业提供了品牌孵化的平台，促进了制造业的转型升级，同时也为消费者提供了获取高品质国货信息的平台，满足了消费者理性消费的需求。2015年“双十二”开场仅一个小时，“中国质造”整体销售额就接近2亿元。其中，广东佛山的家具、广东广州的箱包和皮鞋、浙江平湖的箱包、福建泉州的男装和运动服、广东中山的家装和小家电等商品，是入驻中国质造平台产业带中的佼佼者，占据了“双十二”当天产业带销售排名的前5位。根据淘宝数据，“中国质造”平台首年成交金额预计将超过150亿元人民币。2016年年初，国家副主席李源潮穿着从淘宝网上买的鞋子在达沃斯年会为“中国质造”点赞，更是为“中国质造”的品牌在国际上提升了知名度。

地上没有路，走的人多了，也就有了路。

地上全是路，也就没了路。

跟着别人走，是找不到回家的路的。

重构价值连接的关键在于“重构”，只有跳出旧的思维，以一种全新的方式去看待今天的“万物连接”，才能创造出更大的价值。

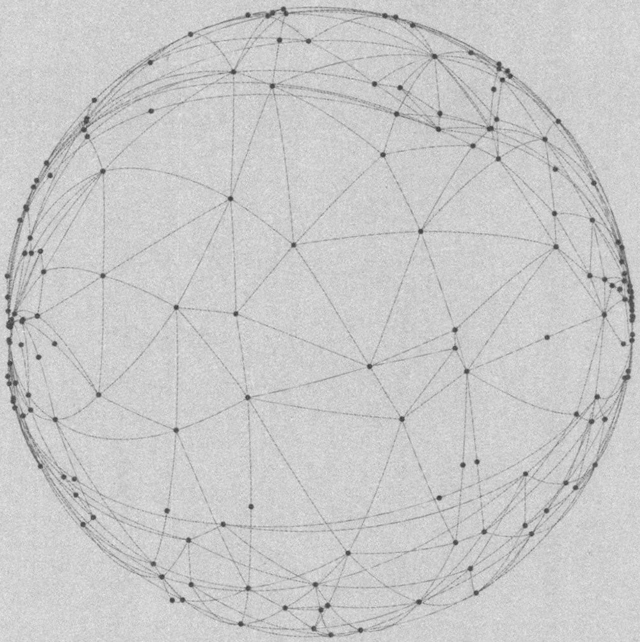

PART TWO

/ 中篇 /

脑洞大开的经典营销案例

LOVO 养成记：只有特立才能独行

罗莱家纺是中国家纺的代名词，已连续11年获得家纺品牌市场最高占有率，其设计风格为欧洲浪漫典雅派，演绎着现代优雅的精致生活。罗莱旗下的大家居品牌“LOVO”则有着鲜明的美式风格和洋溢着自由个性的青春时尚气息。LOVO开辟了自己独特的风格，2015年更是签约了家纺行业首位男性代言人，主打“男色经济”，给温婉风成瘾的家纺界带来了一丝不一样的视觉震撼。随着品牌的不断壮大，LOVO越发敢于尝试，引入迪士尼、兔斯基、小黄鸭以及哆啦A梦等知名形象，更与知名设计师联袂推出签名款合作床品，引领了家纺界异业合作的热潮。罗莱家纺旗下的LOVO连续4年保持双十一家纺行业销售第一的头衔，成功开辟了一条属于自己的新征程，并不断挑战传统行业固有模式的极限。这背后不仅有团队的努力，更离不开决策人对LOVO的精准定位。

独辟蹊径精准定位

LOVO是罗莱家纺独立注册运营的电子商务品牌，于2009年3月正式上线运营。

因为强品牌的背书，起步之初，LOVO在销售方面有很不错的成绩，但到了2012年，LOVO也经历了阵痛期，于是LOVO走上了“去罗化”之路，开始真正独立运营自己的电商品牌“LOVO乐我家纺”。“乐我”的名称定位就是希望更好地传达乐享生活的品牌正能量。LOVO家纺通过倡导关注自我、提升自我，让人们保持乐观积极的心态，使人们一切从“乐我”开始，回归生活初心。LOVO无论是在品牌视觉、产品还是在代言人方面完全与罗莱区分开来，品牌产品设计风格全部与罗莱进行差异化区分，LOVO以80后消费者为主，迎合互联网受众的特点，营销活动全部紧扣互联网思维。

LOVO的受众人群定位是年轻人群，是对生活品质有要求、有生活态度、追求潮流、热爱时尚的女性，其产品有十分强烈的美式风格。相对于罗莱主品牌的奢华欧式风格，LOVO的受众人群更年轻、更有活力，在相同品质的前提下，LOVO的性价比也更高。从形象代言人来说，LOVO偏走剑锋，提倡美国式的自由、开放和突破常规、追求创新的life style（生活格调），所以，代言人一反家纺行业惯用的女性代言人，结合自身的品牌调性，从2015年的代言人《吸血鬼日记》的男主角伊恩，到现在的亚洲天王Rain，LOVO持续主推“男神”概念，并发起很多“男神”类话题，旨在持续发展“眼球经济”。

悬疑大戏，疯狂游乐

2015年天猫双十一销售PK战中，LOVO以“疯狂游乐场”为创意主轴，借助强互动性的游戏、话题、内容的激励机制，直接将线上店铺打造成一个让消费者高频次参与的party（派对），借以斩获2015双十一家纺四连冠。

LOVO双十一活动的第一阶段以“疯狂红包”作为游戏主题，借鉴“水果忍者”经典玩法，将百万红包的发放融入简单有趣的游戏机制，直接引发了数十万

"LOVO 设计师用摩斯密码向 TFBOYS 示爱"微博页面图

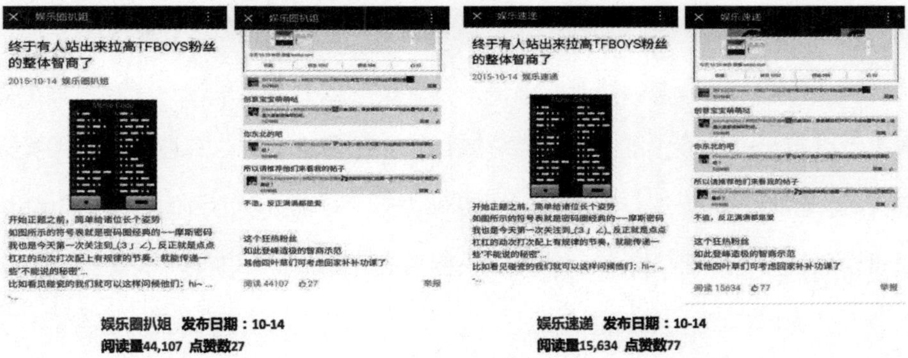

"LOVO 设计师用摩斯密码向 TFBOYS 示爱"活动网友评论图

人、上百万次的高频互动。接着，LOVO设计师微博曝光在天猫罗莱家纺官方旗舰店埋入了一串摩斯密码，正式宣告以用智慧向TFBOYS示爱，LOVO很好地借用了超人气团体TFBOYS做了热点营销。

利用TFBOYS官方微博的声量，将事件在微博进行大量曝光，引发TFBOYS粉丝围观。

外围段子手乘势再次将事件推向高潮，用娱乐营销覆盖更多的人群，粉丝经济营销在这群KOL（关键意见领袖）的传播中得到了很好的体现。本次推广的重头戏就是突破以往的营销方式，直接在预售产品的产品详情页面动刀，通过有难度的解

双十一“疯狂游乐场”活动主页面

密游戏及十万金条的噱头，将其打造成一个有趣的线上寻宝乐园——疯狂游乐场。本次推广获得了专业人士的一致好评，使LOVO品牌身上的“有趣”这一标签更加深入人心。LOVO从预热活动开始，一切活动都以导流顾客为目的，从百万红包到告白事件以及十万黄金谜题整合传播，在传播的时间节点和传播内容上都在有意识地引流受众访问店铺，增加访问量，并直接将线上店铺打造成一个让人欲罢不能的派对，从内容制作到传播，紧紧追随消费者的喜好，和消费者一起嗨。

品质升级，创新不断

作为大家居O2O品牌，LOVO精准地认识到线上和线下消费者的购买习惯有着非常明显的不同，其中最大的不同，就是对于价格的敏感度。线下的消费者可能更希望真切地接触到产品，他们更喜欢能在确保“感受”产品后，再来决定购买与否，但因此所花费的费用也较高。相比，线上的消费者对价格的敏感度更高，更注重产品的性价比，希望花更少的钱来获得更具性价比的产品。所以从这点来看，线上销售免不了打类似的“价格战”，“价格”一直都是电商销售的“命门”，因此，LOVO在产品上还是会推出更多的最具性价比的产品，在保证品质不受影响的情况下，定出能让消费者更能接受的产品价格。当然，LOVO在产品品质方面也是执行企业标准，线上产品执行罗莱内部的企业标准是LOVO产品品质保证的关键。在本次双十一的产品模块卖点挖掘中，LOVO推出匈牙利羽绒被。

匈牙利羽绒被产品宣传海报

据介绍，此次LOVO的匈牙利羽绒被制作精良，均经过严苛的手工，挑选出超高品质羽绒，由匈牙利先进的羽绒被生产设备制作，整个生产过程完全符合欧盟环保标准。“我要为中国的朋友做一条有灵魂的羽绒被。”匈牙利羽绒老博士说。正如他预想的，此款羽绒被以超低的预售价格和高于国家标准的羽绒品质，预售第一天就已售卖出近1000条，并在双十一当日，此羽绒被销售总额遥遥领先于其他品牌的羽绒被，成为双十一羽绒市场的销售奇迹。

LOVO 维尼系列产品设计展示图

如今网购已经不单单只追求低价，线上消费者在不断升级后开始追求产品品质，同质化产品是丝毫没有竞争力的。争做行业标杆也不是一句空话，“创新”是“标杆”中最出彩的一面旗帜。LOVO创新出差异化的产品，很早就开始跨界，从迪士尼、兔斯基、小黄鸭到哆啦A梦均获得它们的授权；当其他家纺刚开始起步做跨界时，LOVO已经做了好几年；当其他家纺在打价格战时，LOVO已经在做纯进口，这就是LOVO不断升级不断创新的步伐。LOVO不仅有传统床上用品的销售，同时还有时尚家居用品以及定位于儿童的KIDS系列，有意打造一站式“大家居”生活方式。“一站式”“智能化”和“家居化”都是家纺家居发展的趋势，而LOVO正在向“智能化大家居”方向努力，并一步一步取得实质性进展——集团投资运营了智能化睡眠家居的子公司，在新的探索领域，LOVO又快人一步，为广大用户带来最新最前卫的睡眠体验。相信在电商整体发展的大背景下，LOVO也会为用户带来更多新颖、有趣味的购物方式和睡眠体验。整合集团多方资源，开拓生活垂直渠道，布局探索智能家居，打造全方位的家居生活体验，LOVO在家纺行业特立又独行。“高性价比的美式生活家居”，相信LOVO早已洞察到了一切。

阿里妈妈：让天下没有难做的营销

2014年，在首届世界互联网大会上，阿里巴巴创始人马云发表了主旨为“让天下没有难做的生意”的演讲。阿里巴巴的目标是让天下没有难做的生意，而阿里妈妈则喊出了“让天下没有难做的营销”这个口号。

阿里妈妈是何方神圣？也许你对阿里妈妈感到很陌生，但是你一定或多或少听说过它的三大经典产品：直通车、钻展、淘宝客。其实，阿里妈妈是阿里巴巴旗下的大数据营销平台，拥有阿里巴巴集团的核心商业数据。过去一年，阿里妈妈取得了长足进步，整体客户数突破100万；合作媒体超4000家，与10万家APP达成合作，媒体矩阵日均PV200亿，覆盖中国98%人群；帮助品牌客户斩获国内外各大营销大奖78个，客户满意度连续3年超过92%；在阿里妈妈平台上，每天有超过50亿的推广流量，完成超过3亿件商品的推广展现，覆盖高达98%的网民。

今天的阿里妈妈已经从单一的淘内电商营销平台全面升级成以阿里大数据为核心、覆盖未来营销核心媒体矩阵、实现“品—传—销”全链路营销诉求的DT时代营销平台。

从“闭关修炼”到“重出江湖”：阿里妈妈的前世今生

阿里妈妈成立于2007年1月，彼时，阿里巴巴集团旗下的淘宝网已经诞生了将近4年。淘宝网的诞生，让已经拥抱了互联网将近10年的中国人第一次知道，原来商品可以如此直观、便捷地在网络上进行销售。阿里巴巴交易的是商品，那么广告是否也可以放在互联网上进行销售呢？商品可以C2C，广告是否也可以C2C呢？阿里妈妈在诞生初期，就是基于这样的思路，以一个广告位供需双方沟通者的身份，打造开放式的广告交易平台。阿里妈妈的诞生开创了互联网广告交易的一种全新模式，也给母公司阿里巴巴带来了全新的商业机遇。

2008年1月，阿里妈妈与淘宝合并，全面实施“大淘宝”战略，其重点转向以淘宝商家为主的联盟广告业务。2010年1月，阿里妈妈变脸“淘宝联盟”，进入“闭关修炼”阶段，并在此期间，借助电子商务的井喷式发展，成为中国最大的广告联盟。2012年12月，阿里巴巴宣布“阿里妈妈”的品牌名和域名将在2013年重启。2013年1月，随着阿里巴巴集团的战略调整，阿里妈妈事业部成立，联盟平台从以服务淘宝系商家为主转向面向全网所有广告主开放的广告交易平台；淘宝联盟将不再作为平台名，而只是平台中的一个业务线。蛰伏4年后，阿里妈妈以全新的姿态“重出江湖”。

此后，阿里妈妈开始全面实施自己的战略计划，运用阿里大数据，实现数字媒体（PC端+无线端+互联网电视端）的一站式触达，帮助客户实现高效率的营销推广。2014年，发布基于商业化场景打造的数据管理合作平台——达摩盘（DMP）；2015年全面整合中国领先的大数据营销技术提供商易传媒；2016年推出“万有引力”计划，宣布对相关媒体开放阿里的内容、能力、权益、数据以及商业等5大领域。

走向淘外：阿里妈妈的诗和远方

阿里妈妈作为阿里巴巴旗下的子公司，一直致力于服务好淘宝上的商家，致力于帮助淘宝实现商业化。随着淘宝天猫、聚划算等业务的飞速发展，阿里妈妈在过去的9年时间里茁壮成长。2015年，阿里妈妈宣布品牌升级，提出“走向淘外”战略。

今天的淘宝联盟，已经覆盖了全中国98%的流量，阿里妈妈积累了庞大的消费者数据。阿里妈妈需要以广阔的视野和思路去思考，如何更好地利用这些数据去服务其几百万的电商客户，去服务更广阔空间里的品牌客户。

从商家的角度来说，电子商务发展到今天，淘宝上商家的营销也开始趋于多元化。淘宝，包括天猫，是商家最重要的战场，是最终实现交易的地方，但是现在商家的营销行为已经不仅仅局限在淘系内部。以双十一为例，各类商家为争夺双十一的流量与关注度，其营销活动遍布全网，从传统的户外广告、电视广告，到互联网的视频贴片广告、新媒体H5广告、feed流广告，等等。阿里妈妈要做的，不再仅仅是帮助商家在淘系内部做营销，更是帮助商家在全网做营销活动，借助淘宝的平台向外扩展。此外，许多淘宝上的品牌，在慢慢成长起来后，也从早期的只关注销量，到开始有了品牌建设的需求，这也要求阿里妈妈的营销服务从效果营销，慢慢转向面对全域的品牌营销。

从淘宝本身来说，过去阿里妈妈更多的是服务那些原生在淘宝上的淘系品牌、淘系商家。而今天的淘宝，其实已经超出了一个简单的购物平台的角色，今天的淘宝已经成为一家全新的媒体，一个与消费者沟通的平台。淘宝的卖货功能是它的基础服务，而内容化，是它未来的主要发展方向。阿里妈妈不仅需要帮助品牌卖货，帮助商家实现效果营销，更多的是要帮助品牌建立一个与消费者进行良好沟通的场所，寻找一个消费者聚集且能够不断沉淀的地方。因此，阿里妈妈需要拓展自己的业务范围，更多地去服务淘系之外的大客户。也许玛莎拉蒂作为一个高端的汽车品牌，不会在淘宝上有特别多的实际销售产生，但是对于玛莎拉蒂来说，淘宝上有一部分的消费者是它的潜在客户，是它的粉丝，而且这些人可以在淘宝上聚集并沉淀下来。

而从阿里妈妈的角度来说，除了近10年的专业电商营销经验外，阿里妈妈还拥有整个阿里集团的核心商业消费数据。依托阿里集团近年来打造的强大媒体矩阵，这些商业数据覆盖淘内淘外，几乎涵盖了互联网用户的全部网络行为：从关注、兴趣、搜索、购买到分享，整个阿里大数据都能够覆盖。这些优势，都为阿里妈妈走出淘宝，走向更广阔的市场，提供了无可比拟的条件。

在阿里妈妈走出淘宝的这个过程中，非常重要的一个关键词就是“开放”。“开放”阿里妈妈的技术、数据、商业、能力、权益，用更开放的心态去理解客户、帮助客户，不仅是帮助阿里妈妈终端的广告主，同时也是帮助阿里妈妈大批的合作伙伴，能够一起共同迎接数字经济带来的机会，迎接无线互联网带来的机会。

让天下没有难做的营销：阿里妈妈的制胜秘诀与雄心壮志

阿里妈妈曾一度被视为百度联盟的最强竞争对手，但在阿里妈妈的眼里，最大的竞争对手应该是未来整个中国的广告营销市场。阿里妈妈的雄心不言而喻，一句“让天下没有难做的营销”，直指广告主的痛点。一百多年前，美国人约翰·沃纳梅克曾经说过一句经典的话：我知道我在广告上的投资有一半是被浪费的，但是我不知道是哪一半。营销之所以被视为是一件难做的事情，无非是因为营销的对象无法精准地定位，营销的效果无法精确地衡量。阿里妈妈能够有底气说出“让天下没有难做的营销”，必然有着其过硬的实力与资本。

阿里巴巴集团近年来收购动作不断，从全资收购UC浏览器、优酷土豆，到入股新浪微博，都为阿里妈妈的数据库源源不断地增加了新的数据来源。随着阿里巴巴“生态系统”的不断扩张，阿里妈妈的大数据几乎可以涵盖整个互联网的用户轨迹：来自淘宝、天猫、支付宝、阿里旅行等的购物数据；来自高德地图的地理轨迹数据；来自新浪微博、陌陌的社交数据；来自优酷土豆的娱乐数据；来自移动端的海量设备兴趣轨迹，等等。通过这些来自集团内部的资源和数据的打通，阿里妈妈掌握了更多宝贵的消费数据，而且这些数据是真正能够为商业所用的大数据，是独一无二的。得益于阿里巴巴集团的大数据基础，阿里妈妈的数据已具备了相较于其他营销平台的独特之处：真人、消费、连续、跨屏四大优势。阿里巴巴集团布局覆盖网购、搜索、视频、社交、位置等众多的媒体，从而形成超级媒体矩阵，这为阿里妈妈通过消费大数据为电商及品牌商进行全域的广告精准投放提供了最有利的条件和保障。

除了独占阿里巴巴集团的全域大数据优势，阿里妈妈另一个重要优势就是拥有真人消费数据。换句话说，阿里妈妈拥有的数据，是广告主最需要的真实数据。举例来说，消费者在淘宝上搜索一个电脑，和他在专业的搜索引擎上搜索电脑的行为是有区别的。在电商平台上的搜索行为基本可以被视为以购买为目的的搜索，而在搜索引擎上的真实目的则很模糊，可能是以消费为目的的，也可能仅仅是为了找张电脑的图片。所以说在新的营销环境下，数据的来源非常重要。在移动互联网时代，场景比搜索更重要。PC时代，流量的入口集中在搜索端，而在移动互联网时代，消费者会根据不同的场景选择不同的产品进行后续的行为。想看新闻的时候，会选择新闻类的APP，想看视频的时候会打开视频网站的APP，而想要购物的时候，则会直接打开电商APP。

阿里妈妈除了数据优势，还营造了所有营销人心中最理想的营销环境：正确的受众、连贯的时间、开放的空间以及完整的闭环。放眼世界，在目前的国际互联网巨头中，占据数字广告市场份额第一的Google DoubleClick做到了“受众”与“空间”两项，但是由于缺乏强账号体系，也没有电商承载完整链路，因此解决不了“时间”和“闭环”的问题。而在社交媒体广告市场上占据75%份额的Facebook将强账号体系和受众信息结合得非常好，但是缺乏全域营销和品效之间的链路。

ALL IN 品牌众筹联合营销：2015 双十一阿里妈妈经典案例

目前阿里妈妈拥有超过100万的客户数，通过媒体生态建设和用户数据闭环链条建设，阿里妈妈的目标是帮助品牌商家实现品效合一，帮助中小商家感受数据智能化的营销服务体验。在移动化、社交化、O2O化、跨界化的电商营销新时代，品效合一成为趋势。

2015年，阿里妈妈在“走出淘宝”战略的支持下，开始推行全域营销计划，为商家提供更有力的推广支持。电商营销发展到今天，优质广告和流量的资源争夺是电商竞争的核心。为了让商家获得性价比更高的双十一生意解决方案，并探索更佳的“品效合一”模式，阿里妈妈联合19家品牌商，推出“双十一ALL IN 19大牌商家联合营销”活动。通过“众筹出更大预算＋阿里妈妈资源优势＋代理公司资源优势”，共享巨大流量，降低单个商家获取流量的成本。从ALL IN的活动名称就可以明了，整个营销全民参与且同时涵盖线上线下。包括马克华菲、乐视超级电视、魅族手机、周大福、丸美在内的19家商家强强联合，众筹预算，整合品牌优势，再单点爆发。

这场协同共赢的联合营销活动，被媒体誉为“创世纪式的现象级电商营销事件”，其展示的不仅仅是阿里妈妈强大的营销服务能力，更向市场展现出了阿里妈妈巨大的资源整合优势。在线上，通过商家众筹，此次活动共获得5000多万的站内站外资源，尤其是在移动端有强势的投入。在线下，O2O的联动更是精彩纷呈。19家商家共同打造的线下双十一Shopping Mall（购物中心）在广州落地，消费者可以在现场巨型天猫迷宫里下单预定商家的明星产品。2015年与阿里妈妈合并的易传媒旗下拥有的视频资源、纸媒资源，更是成为此次营销的主力军。号称拥有史上最多品牌的单条广告在湖南卫视、江苏卫视、东方卫视、安徽卫视的黄金时段接力播放；《南方都市报》连续9天全版广告PK促销大招。易传媒旗下拥有的资源包括400多家门户和垂直网站的展示广告位，与各大电视媒体集团的合作关系，网络电视WebTV以及社交网络、公关网络等。

最终，整个营销活动，不仅收获超高的媒体评价，更是实实在在地达到了品效合一的目的。项目整体总曝光60亿次，连续9天登上微博热门话题榜，主动淘内搜索活动6万～10万人次／天，引流淘口令在微信平台共转发866万次，站内站外有效联动，红包互动5576万人次，通过联合页面每个商家平均新增店铺粉丝37.8万，同时收藏8家店铺以上的比例超过80%。在双十一销售中，参与联合营销的19家商家，在细分行业排名中均榜上有名，在所在类目排名TOP5的有11家，占参与商家的近60%，其中4家排名第一。

百草味：坚守初心的趣味营销专家

2003年，在浙江杭州下沙地区的高校城里，一家叫“百草味”的零食小铺，开启了休闲食品的经营之路。彼时，百草味还只是一家简单的零食小铺子，以门店渠道为主，销售的多是没有百草味品牌的散称食品。在发展了7年后的2010年，百草味已经拥有了200多家门店，在以大学生为消费主体的线下休闲食品市场占据了自己的一席之地，并且也逐步形成了完整的线下产品供应链。

电子商务的发展带有很强的品类趋势效应，从一开始的服装等快消品品类大规模发展，一直到今天连房地产、汽车等大件商品都可以在互联网上销售得很好。食品类目由于其品类的特殊性，在电子商务发展初期，并不是一个很大的销售类目。传统的消费者会更加信赖线下的食品销售，毕竟是要吃到肚子里的东西，人们对于看得见、摸得着的东西总是会多一分信赖。

破釜沉舟，成功转型

在2010年的电子商务领域，零食包括食品类目占互联网的销售份额还是非常低的，百草味却独独看中了互联网即将为整个食品行业带来的机遇。2010年年底，百草味正式入驻天猫前身淘宝商城，“百草味”旗舰店正式挂牌运营。选择电子商务是顺应时代发展变化的必然选择，但是出乎业界意料之外的是，百草味选择了关闭所有的线下门店，大刀阔斧地砍掉了所有线下业务，专注于线上产品品牌的经营。

许多传统企业都在苦苦探寻互联网时代的转型方式。从传统的线下运营方式走到线上电子商务的运营方式，必然会产生许多的问题。而在百草味看来，在一个阶段内，一个企业的精力是有限的。2010年的百草味并没有那么多的精力去同时经营好线上线下的全部业务，既然已经看准了互联网食品行业的大趋势，那么就应该聚焦企业的全部精力，一门心思做好互联网渠道的销售。一个品类在互联网市场上的风口也就是那么几年的时间，百草味唯有将企业所有的力量都聚焦起来，才能够成为行业内的领跑者。

事实证明，百草味的选择是正确的。入驻淘宝商城后，百草味又相继进驻1号店、京东商城、亚马逊、当当网等国内知名的电商平台；2015年，百草味的年销售额突破15亿元大关；2015年双十一，百草味以全渠道1.56亿的成绩，稳居休闲食品电商行业的第二名。

百草味用事实证明了自己是“传统企业转型电商”的最佳案例之一。其实对于百草味来说，能够取得今天的成就，不仅仅取决于企业转型时破釜沉舟的决心和独到的战略眼光，同时也依赖于百草味多年来深耕线下所沉淀的扎实基础。百草味在产品生产、物流配送等方面的经验积累和实力积淀为其转型线上提供了强大的实力基础。虽然今天人们越来越多地吹捧所谓的互联网思维，但是对于一家传统企业来说，想要在线上迅速崛起并站稳脚跟，其自身强大的产品后端供应链建设、品质把控、新品研发等，都是非常重要的基础。当传统企业将本身所擅长的那些线下经验和扎实功底，加上对互联网新型渠道的研究和合理地利用，自然能够在互联网上取得不俗的成就。

在经营线上业务的过程中，百草味始终坚持自己务实的风格，积淀内力，聚焦产品。食品安全关系国计民生，在当今社会已经成为一个焦点话题。作为一家食品企业，百草味希望能够真正地做好自己的产品，用最优质的产品和最极致的体验来取悦消费者，培养消费者的购物习惯。以前消费者觉得在网上购买食品是一件缺乏安全感的事情，但是在百草味以及整个食品电商行业从业者的共同努力下，如今消费者已经开始习惯于在网上购买食品。一方面，互联网的食品供应周期更短，产品更加新鲜，人们会增加对互联网渠道的好感度；另一方面，天猫、京东等电商平台的规则和准入秩序也更加严格，对食品产品质量的控制甚至高于行业标准，商家为了达到平台的要求，也会更加努力追求品质，这就更增添了消费者对互联网食品销售的信赖。

从线下走到线上这一步，百草味走得决绝果断又扎实漂亮！当线上的销售已经达到一定的量级，零食品类电商竞争进入白热化阶段后，百草味又开始寻求新的渠道战略部署，再次进行商业模式的升级。百草味拥有丰富的产品线，目前其自主研发和生产的产品多达300多款。2015年，百草味宣布重启线下战略。当然百草味没有选择重新回到线下自己开店，而是选择进入一些KA（大型商超）渠道以及便利店渠道。百草味的目标是要做到：消费者在哪里，百草味的产品就在哪里。用突破时空限制的商业模式去满足当下人的即时需求，用多渠道部署的方式为消费者带去更优质的产品和更人性化的体验。

互联网发展到今天，其实线上线下的渠道差异已经开始弱化，移动互联网的迅速发展，使得消费者可以同时处在线上和线下两个场景。百草味拓展线下渠道、融合线上线下的举动，更有利于其品牌形象和好感度的打造。

2016年，百草味计划在线下开设自己的品牌体验店。百草味的体验店不会选择在一个城区连开10～20家，而是会采用“一个城市一家中心旗舰店”的模式。其主要功能也不是满足营业额和销售额的增长，而是希望消费者能够更好地感受到百草味品牌的质感，更好地体验百草味趣味的营销和互动活动。

初心不忘，肩负社会责任

今天的互联网零食品类可谓是三家鼎立，百草味和另外两家食品品牌牢牢占据了休闲食品前三的江湖地位。虽然三家企业在产品结构、经营模式等方面有很多雷同之处，但是三家的品牌营销却是各具特色。百草味的独到之处在于，它将自己的品牌营销格局更多地定位在社会责任的体现和自身趣味零食的品牌文化展示上。

百草味首席营销官王镜钥认为，品牌营销的意义很多时候其实并不在于品牌当下销售得有多好，而在于品牌是否做了对社会和他人有利有益的事情。2016年4月，百草味宣布独家冠名法国戛纳创意节（Cannes Lions）幼狮（Young Lions）中国区选拔赛，在全国范围内选拔优秀青年创意人。戛纳幼狮是一个极具专业性的广告创意选拔赛，百草味作为一家经营快消类休闲食品的企业，其实并不适合投入大量的资金和精力去冠名这样一项活动。但是百草味的考量标准是，戛纳幼狮符合百草味作为企业的社会责任和社会担当，符合百草味的企业价值观。通过戛纳幼狮选拔活动，百草味还会发布自己的青年人才培养计划，并在未来参与更多的赛事和活动。百草味希望通过这些活动，能够真正地为社会做一些有利的事情，能够帮助更多有理想的年轻人实现自己的梦想，实现自我价值。未来百草味还会在品牌中心旗下成立工作室，承接所有跟青年人才培养有关的赛事和活动。

电商是一个发展变化非常快速的行业，百草味自身的品牌发展速度也非常快。对于企业来说，营销创意的产生需要创意工作者对品牌和产品有非常深入的了解和真正的热情。因此，百草味人才培养计划的目的之一也是希望能够为现在的年轻人搭建一个平台，让那些真正对电商、对快消品和食品有兴趣的人，能够有一个很好的机会实现自己的价值。百草味希望未来能够和中国的年轻人一起成长！

2016年春节期间，百草味携手其品牌代言人杨洋，将一个红色巨幅拜年广告打到了美国纽约时代广场。而且百草味还将自己的品牌Slogan（口号）改成了“百草味，中国味”！

百草味这一举动的目的是暗示要进军国际市场么？众所周知，国外的食品市场细分非常严格，每家超市都有自己精准的定位，而且竞争格局清晰明确。在百草味看来，目前百草味在中国市场还有非常大的成长空间，聚焦精力、做好产品、专注于国内市场无疑是当下阶段百草味的最佳选择。那百草味去美国给全世界人民拜年又是意欲何为呢？诚如之前所言，百草味的营销离不开两个关键词：初心和趣味。百草味认为目前中国还缺少一个真正的食品企业的品牌，但是随着时间的沉淀，一定会出现一家能够担当起中国食品行业大旗的企业。而百草味的目标，就是成为一家有强烈社会担当、能够代表中国站在世界舞台上展示中国食品品质与食品企业情怀的公司。

百草味做再多的营销和创意，都不会忘记自己为什么出发，当下的利益或许确实很重要，但是都比不上坚守初心、恪守企业核心价值观来得重要。

吃喝玩乐，玩转电商趣味营销

百草味的受众群体是年轻人，因此百草味的营销玩法也一直围绕着“年轻”“趣味”等娱乐化的方式展开。对于百草味来说，产品和体验是企业关注的焦点，而创意化营销玩法的目标，则是建立企业与消费者独特的沟通方式。

2014年，百草味首创“517吃货节”，致力于为新时代的“吃货”们设立一个有趣、好玩又好吃的新节日，在分享美食的同时传递快乐。在各大电商有节造势、无节造节的今天，“吃货节”已经由百草味一家的“独乐乐”演变成整个电商行业的“众乐乐”。2016年，百草味联合雀巢、RIO、碧生源等36个商家，玩起了“吃喝玩乐”大联盟，以“吃货”的名义精准定位人群，充分挖掘消费者的“吃喝玩乐”需求，刺激“吃货”消费。当然，你以为平台内商家一起抱团营销就是百草味的“全部脑洞”了么？真是图样图森破（太年轻、太天真）！马爸爸早就说了，互联网已经告别IT时代进入DT时代啦，电商们早就已经不屑于在自己的圈子里自己跟自己玩了，打通大数据、打破平台和

百草味 517 吃货节活动海报

行业的隔阂、资源共享、流量共用、异业合作才是新时代的电商新玩法。

在平台层面，2016年百草味选择与互联网外卖平台饿了么进行跨平台合作。双方各自拥有的消费人群能够为彼此带来流量的提升，同时又能通过相同需求的人群重合，实现“一次流量两次使用”的效果，提高流量的使用效率，延长流量的使用链条。活动期间，通过饿了么APP下单成功，即可支付0.1元获得30元百草味炭烧腰果一份。吃完外卖来份坚果做下午茶，真是够懂“吃货心”啊！

当然吃货们的爱好也不仅仅就是吃呀，生活除了眼前的坚果和美食，还有诗和远方的音乐节！2015年，百草味动用线上线下、明星互动、品牌联合、音乐节冠名等多种营销方式，在为期三天的“吃货节”里，全网平台销售总额突破了2000万元，超过89万件零食被抢购一空。其中，芒果干单品销量一天突破30万包，居食品行业第一位，一举刷新互联网食品行业新纪录。

继2015年对氧气音乐节的独家冠名后，2016年百草味继续“玩儿音乐”，与国内知名的“草莓音乐节”进行跨界合作，誓将娱乐营销进行到底！音乐和坚果，哪个都让人欲罢不能！2016年4月30日至5月2日，百草味在北京、上海、西安盛大跨界“草莓音乐节”，与马頔、宋冬野、左小祖咒、二手玫瑰、窦靖童、后海大鲨鱼、彭坦等音乐大咖一起，为吃货和乐迷们奉献了一场“吃不停，乐不停”的狂欢盛宴。西安草莓音乐节现场，百草味还搭建了一个搭讪广场，入场的女生获得一小包夏威夷果，男生获得一个开果器，然后就可以顺理成章地搭讪啦。百草味还邀请著名摇滚歌手彭坦专为吃货们创作并演唱了一首《吃货歌》，魔性十足的神曲让百草味的品牌记忆深深留在了吃货们的心中。短短3天，收获了4000万的销售额，相比2015年翻了一倍。

百草味的所有营销策划都是建立在其品牌定位的基础上的。年轻、趣味的品牌定位决定了百草味的营销活动必须是面向新时代的年轻消费者的，必须是“脑洞大开”、充满趣味、符合时代特色的。同时，作为一家立志要改变中国人的食品消费习惯、心怀整个中国食品行业大格局的企业，百草味的营销又充满了企业的情怀和强大的社会责任感。百草味的品牌营销很多时候看重的并不是眼下的一些竞争关系或者一个时间段内的销售额增长，而是希望推动未来整个中国食品行业的健康发展。

威露士：见证洗衣液的崛起

2015年是天猫平台洗衣液类目爆发的一年，在这一年度的双十一的电商大竞技中，威露士凭借“洗衣液的崛起”这一营销方案，一举摘得2015电商金麦奖年度最佳营销大奖金奖。

追溯威露士电商历史，这是一个十分年轻的电商品牌，2年前威露士还是传统的线下品牌，主要走KA渠道，以沃尔玛、大润发等大型商超为主，在消毒液和洗手液市场中处于靠前位置，作为传统的日化品牌，威露士的“上线”之路并不平坦。威露士的产品，如洗手液、消毒液等都是液体重货，物流成本很高。从传统渠道的角度来看，卖场的效率必然高于单个物流，若走电商渠道，物流占总成本35%，而且在电商渠道的客单价偏低。但威露士从上线以来，却能够克服种种困难，推出能吸引消费者的营销方案，缔造一次洗衣液崛起的辉煌业绩，有许多值得借鉴的地方。

双十一一天一亿速成记

“洗衣液的崛起”可说是2015双十一威露士一天一亿炼成记。在双十一选品方面，威露士先是用以往的数据，推算出符合消费者习惯与喜好的套装，选择了有群众基础的氧洗港版套装，如此更数据化、模块化。

在传播方面，这个活动整合了纸媒、论坛门户、新媒体、视频，从前期预热、活动引爆及后续延伸等维度进行传播。前期在聚划算上采用“免费”拉新、先试后买的策略，后期以点带面，全维度爆发，以“双十一零点免单”活动引流，从而达到增加流量和提高销售额的目的。在双十一用户体验方面，今年双十一威露士与菜鸟网络签署战略合作协议，菜鸟物流承担其中80%以上的发货量，并享有优先派送权，部分地区可以实现双十一当天就为顾客送货上门，大大提升了用户的购物体验。好产品加用户好体验再配合整合营销策略最终使威露士双十一当天销售额突破一亿元，成为单品家居个护类目销量第一。

大包装一年量

此次双十一活动中，威露士在电商渠道一方面采取了量贩大包装和组合装等多种产品包装方式，一方面利用差异化价格段的方式，使得消费者的比价不再直接，规避了线上线下渠道的冲突问题。在物流方面，威露士设立了很多分仓，缩短了物流时间，提升了消费者体验。通过几年的运作，威露士发现当量增长到一定程度之后，物流的成本会大幅降低。

保证消费者一年的用量，这是一种卓越的选品策略。规格和价格的制定要适合绝大部分消费者的需求。在深入分析产业链的运作体系、销售量、消费者的承受度等几个方面的关系之后，综合考虑成本因素，威露士此次在双十一活动中推出11元定价，这也是建立在对其他定价的测试基础之上。在此之前，威露士在聚划算平台以49、59、89、119等价格都试过了，经过长期的试错和摸索后，推出了11元定价。

高品质香港版

经过各种营销方案的筛选，威露士营销团队对产品主推“香港版”，这也是此次“洗衣液的崛起”中最大的卖点。

威露士电商营销团队负责人介绍，他们在策划时一直思考营销最根本的东西，消费者到底需要什么样的消费产品，消费者真正需要什么？在产品的功效差不多的前提下，产品的附加值就格外重要，要选取能够打动消费者的点展开营销。威露士主流的消费群体是26～36岁的青年女性，这个阶段的女性对洋货大多有一种向往情结，比如对日韩产品的青睐，热衷于消费韩国产的美妆、洗发水等，这是这批目标消费群体的特性。推出“香港版”，是建立在对这批消费者内心倾向的洞察基础上，他们信赖品质高、技术含量高的产品。一般来说，考虑到香港的法制与市场环境相对更严格的现状，“香港版”的产品为了适应香港市场，对产品的质量要求也相对较高。因此，“香港版”成了此次双十一营销的最大卖点，吸引了很多消费者的眼球。

聚焦消费者关爱服务

不论是线上还是线下营销，威露士营销团队都把顾客的体验放在第一位。2015年双十一威露士把服务重点放在了后端，比起销量更看重用户售后体验，毕竟攀升的销量也意味着货物物流的降速。为了解决快消品物流瓶颈问题，威露士在逍遥子出席的倚天会上与菜鸟网络的童文红进行了深度的沟通，双方签署战略合作协议。威露士80%以上的发货量由菜鸟物流发送，并享有优先派送权，大大提升了用户的购物体验。部分威露士天猫买家在双十一当天就收到了货物，纷纷在朋友圈等社交平台晒出这双十一第一单。

威露士品牌作为日化行业的龙头企业，不仅关注自身产品品质与消费者体验，还一直关注消费者的健康和生活方式，致力于爱心、健康、公益事业，倡导安全、健康的生活理念。威露士决定转战电商后，线上和阿里合作推出聚划算系列活动，让消费者获得实惠、聚焦品牌；线下与各大行业品牌跨界合作，发起以“传递健康”为理念的系列营销活动，将品牌的“健康”理念传递给消费者。威露士还建立了一个很特别的联盟——“爱心妈妈”联盟。联盟聚集了全国各地关注健康和公益的爱心妈妈们，推出了“爱心妈妈传播健康”系列活动。携妈妈之手，护全家健康，威露士在关注全国家庭健康、帮助社会弱势群体等健康公益事业上执着前行。

整合营销综合传播

通过长达一年的观察，威露士营销团队认为，针对快消品，消费者对价格是最敏感的，他们的忠诚度不高，70%都是新顾客。这预示着必须用拉新的价格去刺激消费者。因此威露士营销团队决定，整合协调线下线上各方面资源，线上硬广投入，在线下做新的尝试，比如买大瓶，在核心地段重点宣传，结合线下的购物环境推广。

威露士的消费者都比较年轻，所以威露士在传播渠道上选择以新媒体为主、线下媒体为辅，采取线上线下媒体互补传播与品牌联合助力传播与KOL（关键意见领袖）自媒体晒单相结合的多渠道传播策略。比如，通过微博做全面曝光，所考核的是曝光量，让消费者潜移默化地认同威露士，有品牌认知；在微信做忠实会员营销，以有奖互动的方式增强与消费者的黏度；微淘渠道保持更新并与其他品牌做联合，把转化率最高的SNS（社交网）流量效能最大化。因为2015年的流量以及淘宝大盘数据显示，家清类目比2014年同期增长了2倍，所以定下的销量目标为原先的3倍。威露士电商运营部分由独立的部门来执行，有自己独立的人事和产品结构，电商受到渠道的干扰比较少，这也保证了营销团队的执行力。

2015年双十一威露士整合了所有营销资源，以港版产品为主打，以1分钱试用为引流核心，以创意海报为桥梁，顺理成章地拿下了双十一类目冠军。纵观电商平台洗衣液类目的营销格局，2014年由威露士以大包装打开了洗衣液市场，之后，其他品牌紧紧跟随。2015年的竞争尤为激烈，威露士经过第一季度的策略性调整后开始发力，接连拿下了二、三、四季度销量冠军。在此次双十一，以“洗衣液的崛起”为题，威露士再度在这块兵家必争之地上彰显身手，营销效果不凡。威露士在此次双十一营销中崛起，取得成功的原因包括：逐步推进，保持良好的沟通，跟进好细节。营销传播主要是唤醒消费者，让消费者关注产品、关注品牌，如果使用恰当，会起到非常大的作用。

电商孕育了无数的生机，这不光是一个新的市场空间，更是一个新的品牌机会，在这里会有一批消费者伴随着电商成长起来。电商未来对公司的影响是巨大的，电商部门是非常有活力的，成长也是不一样的。

对于威露士来说，电商已经从过去展示品牌的平台，转变为未来关键的销售渠道。通过仅两年的电商发展，威露士从一个传统线下家清品牌到如今在电子商务的平台上大放异彩，做到了家清类目电商销售第一，双十一刷新洗衣液全网销售额，拿下破亿销售成绩，可以说是“威露士的努力+消费者的信赖=1个亿的崛起神话”！

楚楚街：在“客厅”里抓住90后的心

回归客厅，打通两屏，找到移动互联网新战场

APP Store（应用商城）和应用市场对于像楚楚街这样的移动互联网平台型APP来说，就相当于传统零售商的大型超市一样，是其最主要的消费和下载场景。而APP Store和应用市场会在哪里被用户打开呢？是等公交的车站上，是忙碌的上班时间，还是在浏览电脑网页时？好像都不是，因为人们一般都会选择在有Wi-Fi（无线局域网）的时候下载APP，而在这些场景里要么是没有稳定的Wi-Fi环境，要么就是没有相对空闲的时间。顺着这样逻辑梳理现代年轻人一天的行为轨迹，似乎只有一个地方是既有稳定的Wi-Fi，又有闲暇的时间，那就是——客厅。

伴随着中国近些年来内容文化产业的崛起，曾经一度走下坡路的电视媒体，又在年轻人群体里火了起来。尤其是随着各大卫视各类综艺真人秀节目的爆发，全民娱乐化的趋势推动下，中国的消费者又开始回归客厅了——在客厅里一边看综艺节目，一边拿智能手机互动、吐槽。Wi-Fi的出现提升了整个电视媒体的价值属性，在赋予电视媒体互动价值的同时，也使得手机屏和电视屏之间的隔阂被打通了。电视节目负责内容的播放，而手机应用则负责互动交流。

楚楚街敏感地洞察到了客厅场景对移动互联网应用的巨大价值和发展潜力。2014年底的时候，楚楚街的安装量已经达到了4000多万，单纯的业务驱动已经无法再保证楚楚街长期的规模增长，是时候用突破性的创意营销来做一个漂亮的出击，用内容化的娱乐营销告诉消费者楚楚街的存在与价值！

楚楚街的目标是品牌知名度的大幅提升和有效的APP下载。因此，作为一家移动

互联网创业公司，楚楚街必须找到一个能够实现品牌与效果双赢的“高效”媒介来做市场驱动。相比之下，线上的流量投放已经是红海，且互联网的价格透明，不太可能再拿到红利，而且互联网媒体也不是具有爆发力的媒体。线下做大规模点对点地推虽然效果好，但是同样缺少爆发力，而且对于创业公司来说，成本太高，效率太低。在楚楚街看来，目前能够提供优质的内容且拥有相当规模年轻消费者的电视节目无疑是最佳的投放媒介。

除了内容和消费者的聚焦，电视媒体还有两个优势。首先，电视媒体时段统一，效果监测方便。楚楚街不会去看节目的收视率，而是会关注楚楚街后台的监测数据。在节目播出期间楚楚街APP每分钟的打开和下载数据都能够被很好地监测到，从而可以通过与节目内容的巧妙结合，在节目中为楚楚街留下记忆点与闪光点。其次，电视媒体作为互联网营销的一块处女地，此前还没有移动互联网企业在电视媒体上投放过大量的品牌广告，这也就意味着电视媒体竞争相对较少，能够拿到足够的红利。

对于新品牌来说，“软”加“硬”的营销一定是最好的策略：硬广告清晰地告诉消费者，楚楚街是什么，告诉消费者楚楚街可以用来做什么；而软广告则用于唤醒消费者对品牌认知的记忆点，促使消费者去下载楚楚街。楚楚街第一季度选择了与浙江卫视的《一路上有你》节目进行特约合作。其中一些特定场景下明星的调侃植入，让消费者充分记住了楚楚街品牌，在好奇心的驱使下自主地选择下载、体验楚楚街。而APP购物环节的深度植入，更是让消费者在收看节目的同时，潜移默化地产生模仿行为。通过产品植入、现场植入、调侃植入、深度植入、楚楚街动人时刻等的360度全面深度植入，楚楚街不仅颠覆了传统电视媒体广告合作的模式，更是实现了知名度的迅速普及，品牌形象提升，全国影响受众达到6.29亿，引导下载量超过500万。

在尝到电视媒体的红利后，楚楚街再接再厉，第二季度以惊人的1.3亿与江苏卫视进行战略合作，一口气拿下其4档节目的广告推广。此外还与北京卫视、浙江卫视、湖南卫视建立战略合作关系。虽然从第三季度开始电视的媒介红利消失得很快，许多移动互联网企业都开始进入电视媒体这块市场，但是作为第一个玩转电视综艺节目的电商平台，楚楚街打破常规，首次将娱乐、电商、移动APP作了深度的跨界融合与资源整合。楚楚街的SOV（媒体占有比重）领先于绝大多数的竞争品牌，成为这场“客厅”战役中当之无愧的引领者和大赢家。

娱乐营销＋产品升级，楚楚街的品牌转型与重塑

截至2016年3月底，楚楚街所在的醋溜科技用户数量达到了1.5亿人，其中各开放平台用户量达5000万～6000万；楚楚街移动端安装量达到1亿，MAU（月活跃用户人数）3000万，DAU（日活跃日用人数）300万，2014年至今日均订单量达到30万，截至2015年年底，全年销售额达50亿元，平台商家超3万户。据第三方数据机构易观智库发布的2015移动APP排名，在所有电商应用中用户活跃数量排行，楚楚街位居第六，仅次于淘宝、京东、天猫、唯品会和蘑菇街。

创办于2010年的楚楚街，是一家定位为时尚特卖的移动电商平台，在近几年移动互联网购物APP厮杀激烈的市场环境下，楚楚街凭借其精准化的人群定位、内容化营销的敏锐洞察、个性化服务的提供，从众多的竞争者中脱颖而出，战绩斐然。2014年，曾经服务于阿里巴巴集团的营销专家蒙克加盟正在谋求转型的楚楚街，并在年底开始了对楚楚街大刀阔斧的品牌重塑行动。

首先，楚楚街将娱乐营销确立为品牌的核心营销战略，从深度合作浙江卫视真人秀节目《一路上有你》，到1.3亿与江苏卫视战略合作买断几乎所有优质综艺节目广告推广，再到接连植入《睡在我上铺的兄弟》《寻找爱的冒险》等影视剧，楚楚

街将目前能够最快最直接地触达到年轻消费者的营销方式玩了个遍。楚楚街的目标受众是年轻有个性的90后、95后人群，而这些一出生就接受互联网文化冲击的新消费群体，对娱乐化营销的接受程度非常高。好玩、有趣、有个性的植入方式不仅不会引起他们的反感，反而能够激发他们的自主传播，主动在互联网上关注、吐槽品牌，从而引起更多的话题效应，促进品牌的多平台、多层级传播。楚楚街用目标受众最喜爱、最容易接受的方式，与受众进行深层次的沟通与互动，实现了移动互联网电商的差异化营销与品效的完美结合。

其次，楚楚街开始全方位地重塑自己的品牌形象。过去楚楚街的定位是平民化的，而蒙克希望楚楚街告别过去的形象，转型成为一个时尚高端的电子购物平台。2015年6月，楚楚街大手笔签下国内新生代男神——井柏然。井柏然首次代言国内品牌就选择了楚楚街，这也从侧面说明井宝青春活力同时又不失品质感的形象非常契合转型期的楚楚街。楚楚街需要一个充满个性的年轻偶像来改变过去平民化的形象，借助其影响力和个人魅力来传递楚楚街年轻、时尚、品质化的品牌形象。井柏然显然做到了与楚楚街的完美配合。现在许多楚楚街的新用户都不知道过去平民化的楚楚街，只知道楚楚街的代言人是鲜肉男神井柏然。

产品的品质与价格对平台形象的重塑也至关重要。对于定位90后年轻群体的楚楚街来说，90后也终有长大的那一天，在消费升级的过程中，他们也会致力于寻求更加“高大上”的品牌和更好的服务，因此楚楚街也选择在产品梯度方面进行品牌升级改造。目前在楚楚街上，有主打大牌特卖的限时抢购，增强用户黏性的挖矿夺宝，在过去一年里，楚楚街还上线了全球购、0元礼物、二次元等针对各个细分人群的频道和功能。而在货品的选择上，楚楚街旗下涵盖了从秒杀爆款到潮牌轻奢各个价格梯度的优质货品，供用户自主选择，满足他们的个性化需求。由此可见，楚楚街在产品梯度建设方面，已经顺利转型，基本建成了覆盖全品类的移动电商平台。

随着全新品牌Slogan“买的漂亮”的推出，楚楚街向消费者传达的理念也在不断改变。由原来简单直白的“优惠”转化为消费升级后的“品质”“智慧”——不仅要买，还要买得漂亮。

内容为王，楚楚街跨界营销

在新的营销时代，娱乐至上，内容为王，年轻人成为消费主力。在互联网时代成长起来的年轻人对各种营销手段早已司空见惯，因此营销人才会不断感慨，营销越来越难做，用户越来越难以沟通和取悦。单个品牌独自谋划营销战略的时代已经过去了，现在的营销环境要求品牌必须有跨界的思维和想象力。楚楚街在娱乐营销和内容营销领域一直高瞻远瞩，走在行业的最前端。

2016年3月，楚楚街与乐视在北京举行了2016战略合作发布会，双方共同宣布将在2016年达成亿元级的战略合作。双方将围绕楚楚街的电商资源和乐视的生态资源展开合作，共同推动品牌推广和娱乐化营销。在楚楚街副总裁蒙克看来，乐视不仅是一家创新性的企业，而且乐视整体的营销布局非常完善，其生态链上的许多内容整合都与楚楚街的商业规划布局非常契合。目前，楚楚街的主要合作方是乐视旗下的乐视网、乐视音乐和乐视影业。前期，双方主要在营销上进行合作，未来还会相互“入驻”。蒙克透露，楚楚街与乐视的战略合作主要包括：1.硬件互卖，乐视手机、乐视智能电视等智能硬件产品将入驻楚楚街销售；2.乐视手机里内置楚楚街APP；3.楚楚街未来会投资一部分乐视的电影，从上游参与电影制作；4.楚楚街将深度参与到乐视自制综艺节目中；5.其他常规意义上的广告合作。

早在2015年，楚楚街就与乐视合作了一档自制综艺节目《十周嫁出去》。楚楚街敏锐地洞察到了全民娱乐化时代，消费者对内容的回归。未来，楚楚街将与乐视一起，以内容为入口，在音乐、电影、综艺等维度上实现全面的内容战略合作，以贴近年轻消费者的方式，协调双方的资源，打通双方的用户人群，实现“购物+娱乐”的跨界融合。

2016年5月14日，楚楚街联合乐视音乐打造“The Truth is朴宰范”粉丝见面会，让韩国嘻哈音乐人、潮流icon（偶像）朴宰范在北京751·Live生活馆掀起一股音乐浪潮。事实证明，韩流在中国依然是年轻人追捧的热点，楚楚街将年轻人群对于音乐和偶像的热爱深植于楚楚街的品牌基因中，从而引领时尚潮流、精准锁定目标用户。年轻的时尚icon加新鲜的音乐营销玩法，楚楚街这次又走在了移动电商营销的最前端，成为国内首个开启音乐营销的移动电商。此次活动也被视为楚楚街与乐视音乐战略合作启动的标志。

未来，楚楚街希望能够在行业里进行更多商业化的尝试，打造更多具有可复制性的创新性营销，重新树立认同与行业标杆。

在营销传播方面，蒙克表示，楚楚街的娱乐营销核心还是在内容的打造上，只要是符合当下年轻人的审美，在视觉上与楚楚街时尚、品质的调性相吻合，内容足够吸引人，楚楚街都会选择进行合作。

在产品内容打造方面，楚楚街还是会以零售为核心，在做好产品品质的同时发掘用户的兴趣点，做兴趣聚合，让消费者能够在楚楚街的平台上找到相似兴趣爱好的人，做兴趣聚类，从而提升用户的黏性。楚楚街对时尚的理解，则是引领潮流，让消费者追随。楚楚街的品牌时尚化很大一部分源于其销售产品的时尚性和年轻化，因此那些想要更多地与年轻人建立沟通、寻找年轻目标用户的品牌，都会选择楚楚街作为销售平台。

蒙克说，楚楚街在过去的一年内已经在移动电商行业里做了很多的创新性试验，也取得了很多成绩；未来在保证做好楚楚街的前提下，也希望能够为行业格局的发展作出自己的贡献。

老板电器："厨源"之源

老板电器是高端厨房电器领导品牌，专注厨电领域37年。其主要产品包含吸油烟机、家用灶具、消毒柜、电烤箱、电蒸箱、微波炉、洗碗机、净水器等品类厨房电器。老板电器始终坚持以严苛的质量体系、雄厚的研发实力，不断完善产品性能及品质，获得了超过3500万户家庭的支持与信赖。同时，企业注重完善销售渠道，并依托渠道建立完善的服务体系；坚持"创新、和谐、上进"的企业文化，并提出"精湛科技轻松烹饪"的品牌主张。老板电器对科技、品质、销售、服务、人才和管理等诸多方面近乎极致的追求，铸就了企业行业领导者的地位。

1979年成立至今，经过37年的发展壮大，老板电器产品先后被授予中国名牌产品、中国驰名商标，现已成为中国厨房电器行业发展历史最长、生产规模最大、产品类别最全、销售区域最广的龙头企业之一，是中国厨电领域的领导品牌，品牌价值位列国内厨电行业第一位，并为打造中国竞争力最强的专业厨房电器百年企业而继续奋斗着。

"厨源"：品牌平台化的基地

早在2012年，老板电器建成了国内首个有机形态厨房文化科技馆——"厨源"。"厨源"不仅是良渚文化、人文科技、低碳环保理念的浓缩，也是展示传统烹饪文化、与消费者沟通交流的平台。

"厨源"面积近3000平方米，是中国厨房电器创新产业园的重要组成部分和强大文化支持。"厨源"以四季更迭为主线，按照春夏秋冬划分不同主题，展出了不

老板电器厨源博物馆现场

同年代的厨房印象和烹饪文化的发展历程。“厨源”是老板电器的企业文化馆，参观者可以感受到老板电器在37年的发展中所积累的深厚底蕴；亦是厨房电子科技产品创新成果的展示馆，参观者可以洞悉未来厨房的发展趋势；更是将悠久的中国饮食文化、烹饪文化与厨电生活未来发展趋势和科技创新方向进行全面融合，以及企业与外界进行情感交流沟通的平台。

老板电器通过“厨源”向外界传达科技、健康、轻松、充满浓郁家庭氛围的厨房生活文化，实现了企业与产业、技术与文化、人文与自然的和谐统一。参观者可以在这里感受到中国历史悠久的饮食文化和烹饪文化。

“厨源”浓缩了一个时代的灿烂文明，与中国悠久的良渚文化相得益彰，不仅成为促进中国传统文化发展和弘扬的有力支撑，更加有助于推动中华文化走向世界，并在社会责任与经济效益之间找到最佳的契合点。

随着“互联网+”的概念席卷各行各业，厨电行业也处在“互联网+”的转型当中，“互联网+”为传统线下实体店的转型提供了强大的动力。作为厨房电器行业的领导品牌，为了将良渚烹饪文化更好传递给消费者，老板电器将“厨源”进行衍生，在多个地区构建“厨源烹饪文化体验馆”，启动了“全国百个厨源烹饪文化体验馆发展计划暨烹饪体验生态圈成立仪式”，这是一种全新的零售业态，让消费者通过多元化的方式接触产品、感悟文化与商业潮流。

首家“厨源烹饪文化体验馆”建在杭州，馆内设置了包括智能烘焙、文化体验、产品科技体验等区域，总面积超过1000平方米，拥有美食烹饪、休闲娱乐、聚会餐饮、文化品鉴等一系列功能，将场景体验式文化贯穿其中，能够让更多人了解、热爱中国传统的厨房文化和餐饮文化。在体验馆内，烹饪不仅是一种享受，而且升华为一种文化格调，公众可以处处感受到传统烹饪与现代文明的交相辉映。复古展示区，回归朴素和从容；开放式展示区，采用精湛科技的厨房电器，带来了轻松烹饪的厨房体验。值得一提的是，在厨源开放日的市集嘉年华活动中，游客还能够品尝到来自星级大厨们亲手制作的创意美食，度过一段悠闲快乐的下午茶时光。情景相融的体验氛围，个性化的场馆布置，均是老板电器精心打造的独特品牌符号，与线上门店形成互补性优势，令消费者在潜移默化中对中华烹饪文化之美和老板电器的卓越品质留下深刻的印象。

“厨源”是老板电器所有线上产品品牌平台化的载体和基地。厨源烹饪体验店，卖的不是产品，而是体验。消费者在体验店里聚会，享受烹饪体验、插画体验、轻奢体验、大厨授课体验等。这些体验都彰显了品牌对于生活方式的主张。用户可以在体验店享受厨房的乐趣，享受产品传递的生活方式的乐趣。让消费者看到就可以买到，买到就可以体验到。

厨源烹饪文化体验馆既是老板电器全新的销售平台，也是用户体验、科技分享的平台，这是一种场景体验式的文化。体验馆可以为美食烹饪、休闲娱乐、聚会餐饮、文化品鉴等一系列活动提供场地和服务，为用户提供更专业化、个性化的线下体验，将用户的情感、感官、思考、行动等方面调动起来，通过新的全体验型零售模式与消费者沟通交流。线下体验馆与线上门店形成互补优势。老板电器此次发起的百个厨源烹饪文化体验馆发展计划，通过覆盖线上线下的O2O运营模式，可以引领厨电行业实体店的转型升级。这是厨电行业实体门店的先行之举，通过线上线下的优势互补，为客户创造全新的厨房烹饪体验，将电商与实体店的优势最大化，让用户更愿意为切实的体验买单，是在“互联网+”精神影响下的积极探索。

从传统到现代的转变

在商业新秩序下，重新定义与消费者的关系，创新与消费者的互动模式，为消费者创造需求与价值体验、创造新的沟通渠道，既是商业潮流不可逆转的趋势，也是放在所有中国企业面前必须解决的问题。老板电器作为高端厨电领导品牌，围绕消费者构建“互联网+”时代的营销体系，以消费者为中心创造商业价值，在产品、服务、渠道等方面转型升级上，成绩都可圈可点。老板电器线上和线下的消费者是分层的，因此，品牌传播的角度和渠道也不同。

老板电器在多渠道铺展公告，成为米兰世博会国家馆唯一指定厨电品牌，植入湖南卫视《旋风孝子》，在快乐购上做品牌平台化的直播，通过百度和360搜索进入官方渠道。对于老板电器而言，天猫和京东不仅仅是卖货的平台，更是品牌平台化的平台。

作为厨电行业的领导品牌，随着公司每年30%的强劲增长，对产能与仓储物流能力提出了更高的要求。为了适应发展需要，加快企业智能化的进程，老板电器斥巨资建造国内顶级的数字化智能制造基地及智能物流仓储中心，再次彰显了行业领导者的地位和影响力。智能物流仓储中心，仓库作业全部实现机械自动化；采用高层货架、立体储存，这能有效地利用空间，减少占地面积；产品、物料、配件全部采用全木制托盘储存货物，产品的整洁和完好得到了有效保障，也便于过程控制与管理，而且能够进行全智能信息化处理。智能制造基地实现从生产车间自动传输到立体库并智能分类堆垛入库。该立体库充分展示智能化、信息化、现代化的仓储过程。智能物流仓储中心的建设对老板电器来说意义非凡，仓储物流是智能制造的末端，物流的智能化、自动化是未来的武士，为整个家电行业树立了新标杆。

随着零售业形态从单一渠道向复合渠道和全渠道过渡，老板电器也致力于打通线上线下并进行良好的整合。这是“互联网+”下必须接受的挑战，也是深入接触消费者的必然要求。从线上来看，2015年，电商渠道包括老板天猫旗舰店、老板电器官方商城、苏宁易购以及京东电商旗舰店都保持了较高增长，电商营销收入占到公司收入的比例超过了20%。从线下来看，老板电器经销渠道向三、四线城市下沉，以专营店、经销商、大商场、KA、工程渠道等多渠道共同协力发展。

更值得一提的是，老板电器的O2O战略是双线融合，立体化布局。首先，电商、移动端、门店等渠道产品实现差异化销售。其次，老板电器一直在探索O2O互融方式，2015年，老板电器在杭州启动了全国百个厨源烹饪文化体验馆发展计划，进一步升级了终端门店的体验观感，即门店3.0，并与线上无缝衔接打造了一个线上线下双融的互联网体验式平台，通过新的全体验型零售模式与消费者沟通交流，为消费者创造附加文化情感体验价值，从而进一步反哺产品销售和品牌打造。

“互联网+”下的渠道变化，带有明显技术发展、消费习惯改变的烙印，贴近消费者，到达消费者，为消费者创造更多体验式、分享式价值感受，是今后企业渠道战略的一个重要方向。

“长跑”气质：一切以消费者为中心

对消费者家庭厨房生活的热切关注和实现家庭“轻松烹饪”的愿景，是老板电器一直前进的动力源。未来，老板电器将在“文化引领品牌”以及“情感沟通消费者”策略的指引下，以“中华烹饪文明”“良渚文化”“有爱的饭”和“美食文化”为核心与消费者进行沟通交流。老板电器一直致力于将中华悠久饮食文化与先进科学技术相结合；另一方面，通过倡导健康、环保、有品位的生活方式，让厨房成为家庭情感交流载体，引起人与人之间的情感共鸣，让每个家庭享受到精湛科技带来的轻松烹饪。

“互联网+”时代下的产品策略，已从传统以市场竞争为导向转变到以终端消费者为核心。过去说产品定位，倾向于在研究消费者的基础上找到细分目标市场，但我们看到，消费需求并非一成不变，而是随着消费群体逐渐呈现个性化、情怀化的升级。

老板电器的产品研发史，就是一部中国人自己的厨房电器发展史。从卖产品，到卖情怀、卖体验、卖科技、卖附加价值，一切以消费者为中心。

创新技术，用好产品引领市场

良好的经济效益首先要由产品来带动，要树立行业标准，首先就需要使老板厨房电器的产品成为行业典范，尤其是在技术上要引领行业的发展。老板厨房电器将自己定位于高端市场，通过技术创新，在工艺、质量、原材料等方面的高标准、高要求，使得老板厨房电器产品迅速提升了一个档次，在市场上与同类产品建立了一个较明显的区隔；通过技术、工艺和设计理念的领先，让产品能够引领消费潮流，成为行业技术发展的标志。

面对荣誉和骄人的成绩，老板厨房电器泰然处之，并启动了更宏伟的商业计划：聚焦厨房电器领域，通过对品牌形象整合提升、渠道多元化拓展及国际市场开拓三方面的升级，全面实现中国厨房电器第一品牌在国际市场的影响力。

服务升级，衍生价值

服务是品牌的衍生价值所在。特别是在家电、厨电产品同质化情况下，对消费者来说，服务就是选择购买行为的重要衡量标准。随着“互联网+”时代的技术变革，服务售后也在不断衍变发展，但唯一的标准就是，选择消费者最便捷、最贴心、最直接的方式。服务之于产品，如裁缝之于锦缎。老板电器以“敏智达，尊享悦”为服务理念，引入先进的CRM客户服务系统，为各类顾客建立翔实的客户档案，以更加规范化、专业化的操作模式服务于客户。

创新、责任、务实、稳健地向前迈进

创新、责任、务实是老板电器的企业作风。以创新精神为发展动力，以社会责任为企业己任，以勤恳务实为企业品质，老板电器立足实际，不虚夸、不冒进，这是企业面向长远、踏实有序的发展点；排斥虚妄，拒绝空想，鄙视华而不实，追求充实而有活力的未来。

制造型企业只有在不断致力于产品研发的同时，积极创新拓展、肩负社会责任，才能赢得消费者对企业品牌的忠诚度和美誉度。未来，老板电器定能将此种精神传承下去，走向卓越！

韩都衣舍：不想做生态运营商的孵化平台不是好的服装品牌

说到“韩都衣舍”这四个字，你会想到什么？

年轻的姑娘们脑海里出现的一定是电脑或者手机屏幕上身姿曼妙的Model（模特）和她们身上韩范儿十足的漂亮衣服。

追星族们的第一反应可能是黄晓明、李冰冰、任泉等人组建的Star VC，在2014年9月其首批投资的企业中，就有韩都衣舍的名字。

如果你对电商感兴趣，对淘系品牌略知一二，那你是不是立马想到了赵迎光大叔胖乎乎的可爱模样？

韩都衣舍在电商人的心目中是个充满了传奇色彩的名字。它是淘宝天猫服饰类目第一个五金冠店铺；2014年，取得天猫历史上首个全年度、双十一、双十二“三冠王”；其独创的“以产品小组为核心的单品全程运营体系（IOSSP）”入选清华大学MBA、长江商学院、中欧国际工商学院以及哈佛商学院EMBA教学案例库；它的代言人包括韩国一线当红明星全智贤、朴信惠、安宰贤、池昌旭；2016年4月，拟登陆新三板。

韩都衣舍是做服装起家的淘品牌，但是在取得了无数耀眼光环和傲人成绩后，韩都衣舍的志向却开始发生变化，从纯卖货商开始转向集群化的品牌孵化平台，以及更高阶段的生态运营商。

勇于挑战，大胆维新

“维新”从不应只局限于政治视域之中，充当某种权力话语。“维新”是一种生命的态度，是对美好生活的渴望，是对新兴事物的追求，体现在衣食住行的方方面面。

——韩都衣舍

韩都衣舍作为互联网上规模第一的女装品牌，其销售、卖货的能力有目共睹，但是在品牌形象的塑造、品牌营销方面的行动一直有所欠缺，尤其是在全网全媒体的营销活动上，一直没有太大的作为。而且，2012～2014年，韩都衣舍集团的营销重点一直放在其女装品牌Hstyle的效果营销和主要销售平台的营销活动上。到了2015年，韩都衣舍的营销战略核心部署之一，是“集体作战”。通过内部孵化、合资合作及代运营等，韩都衣舍品牌集群目前已达37个，其中包含女装品牌HSTYLE、男装品牌AMH、童装品牌米妮·哈鲁、妈妈装品牌迪葵纳、文艺女装品牌素缕、美国户外品牌Discovery Expedition等知名互联网品牌；包括了韩风系、欧美风系、东方风系等主流风格；覆盖女装、男装、童装、中老年女装、户外等全品类。

作为一个完全从互联网上成长起来的纯电商品牌，韩都衣舍不仅需要从单一品牌单打独斗的发展，进化到多品牌集团作战，也需要在营销战略上扩大营销战场，提升营销格局，逐步从效果营销向品牌营销转变，最终达到品效合一的目的。

2015年8月，韩都衣舍开展了一场名为“维新运动”的公关传播——旗下品牌集体作战、传递“不卖货、只卖态度”的核心主张。“维新运动”的进行，正是韩都衣舍营销策略转变的最佳体现。

2015年8月1日～8月2日，韩都衣舍集团所有店铺内所有商品全部撤销，挂出围绕传统品牌痛点以及维新派梦想的风格海报。此为第一阶段内容。

8月3日，韩都集团旗下25大品牌集体发声，店铺首页全部切换成直击传统品牌痛点的文案；微博上发起“我是维新派”的话题。此为第二阶段内容。

8月4日，韩都衣舍品牌代言人全智贤、朴信惠、安宰贤以及明星投资人黄晓明、李冰冰、任泉6位明星配合各自的维新文案在25大品牌店铺内集体曝光，并在SNS渠道全面传播，众多意见领袖撰稿跟进韩都衣舍电商集团维新运动，200余家媒体持续跟进报道。此为第三阶段内容。

8月10日～8月12日，2015韩都衣舍电商集团秋装新品发布会活动正式开启，全力促进销售，集团销售战役正式打响。

在“维新运动”活动中，韩都衣舍的矛头直指线下一线大牌，优衣库、Zara等品牌纷纷“躺枪”。虽然有人质疑韩都衣舍作为一个互联网品牌，诞生才不到10年，如何去与1965年诞生、年销售额800多亿的优衣库相比，但是韩都衣舍却毫不在意——不跟800亿比，难道跟200万比？有梦想的人永远渴望与最强的对手进行比拼，即使失败，也不能失去信念与梦想。韩都衣舍用品牌来代表自己的梦想，用产品来挑战最强劲的对手，传达出互联网品牌无所畏惧、年轻张扬的品牌个性。

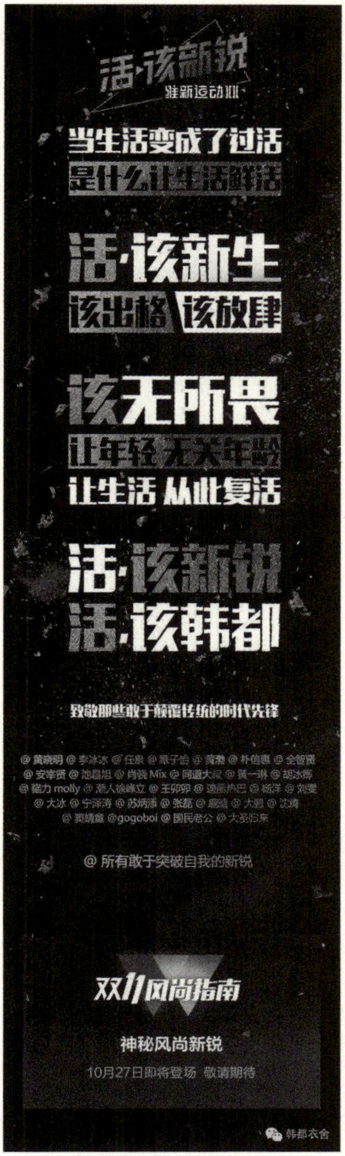

韩都衣舍双十一主题活动宣传海报

在营销热点来得快、去得也快的今天，韩都衣舍没有选择在热点中借势，而是将自己的营销做成了热点！“维新运动”后期，“我是维新派”的话题彻底引爆了互联网的借势之风，“不做保守派，我是维新派”的文案明显戳中了各路新锐品牌的

韩都衣舍“活，该新锐”之黄一琳篇

韩都衣舍“活，该新锐”之王卯卯篇

韩都衣舍“活，该新锐”之猫力molly篇

High点，包括海尔、乐视等大品牌都制作了类似文风的海报，借以表达自己追逐时代步伐、锐意创新、绝不保守的态度。可见，韩都衣舍的传播并不是一个品牌、一个集团的营销自嗨，还是一个时代的共同心声。

除了“维新运动”，2015年10月底，韩都衣舍还借势内部员工的“工作失误”，在互联网上精心策划了一场“活，该新锐”的内容营销——携手九位“网红”，在8月份“维新运动”的延续下，将“维新”的主张进一步深化，用“新锐”来代表一种品牌的主张，用“活，该新锐”来迎合、激励年轻一代的消费者。

在互联网时代，信息的爆炸和传播渠道的剧增，使得人们的注意力越来越短暂，营销的效果也越来越难以掌控。韩都衣舍在2015年进行的这两场营销活动，在形式和内容上相互叠加，用互联网小海报的形式传达出统一的品牌核心主张，风格得以延续。从海报上新锐的语言风格，到借助各路KOL、网红的社交账号发声，全部采用互联网的新媒体传播手法。以天猫旗舰店作为营销起点，然后逐步将活动内容和影响力扩散到整个互联网全网全媒体营销，用事件营销+明星效应的方式传播品牌理念。文案犀利、个性，画面具有极强的视觉冲击力。而且两次活动都没有将重点全部放在Hstyle的品牌上，而是全集团所有品牌集体作战。可见韩都衣舍整体营销策略的转变、执行都非常成功。

美国麻省理工学院斯隆商学院教授艾德佳·沙因在其著作《组织文化与领导》一书中曾经说过，文化对一个团体而言，其意义就如同人格或性格之于个体。韩都衣舍深谙企业文化的重要性，并坚信品牌是可以生成一种文化的。韩都衣舍要通过自己的品牌和营销，向消费者传递一种变化和创新的态度，不仅要做一个生活的维新派，更要做一个时代的维新派，有生活的锐度，还要有时代的视野和不断创新不断进取的积极态度。“维新”概念的提出，无疑丰富了韩都衣舍品牌的内涵，也代表了新时代的一种生活方式与价值观。

转变身份，不断进化

如果说“维新运动”和“活，该新锐”这两场声势浩大的营销活动体现的仅仅是韩都衣舍在营销策略上的转变和创新，那么在企业身份上的转变，韩都衣舍做得更加大胆、更有创意。

众所周知，韩都衣舍是一个地地道道的淘品牌。作为一个在淘宝上起家的服装品牌，韩都衣舍走过了一条前人从未走过的互联网品牌发展之路，也开创了一条电商品牌的转型进化之路。

最早的韩都衣舍还没有自己的品牌，只是主营韩国代购业务，从韩国代购产品然后在互联网平台上进行销售。2008年，韩都衣舍开始转型，注册了定位“韩风快时尚”的韩都衣舍自有品牌，这是韩都衣舍进化的开端——单一品牌。依靠其著名的“基于产品小组的单品全程运营体系（IOSSP）”以及国内电子商务市场的迅猛发展，韩都衣舍品牌在线上的服装品类销售取得了惊人的成就。但是销售业绩的增长仅仅是品牌发展的基础，韩都衣舍企业的野心和志向显然不止于此。于是韩都衣舍开始进入第二阶段的进化——多品牌发展。如前所述，通过内部孵化、合资合作及代运营等方式，韩都衣舍品牌集群目前已达37个，覆盖多个品类、多种风格。

快节奏的时代孕育快节奏的欲望，人们面对层出不穷的新鲜事物，总是充满了好奇和欲望，但是欲望太容易满足，又导致人们的需求不断改变，这就要求品牌有更快的迭代能力和多方面的需求供给。韩都衣舍集团旗下的多品牌战略既满足了现代人多样化的需求，同时又在主品牌的带动下，为子品牌带来更多的信任背书，促进子品牌的发展。在2012年确立多品牌运营战略后，韩都衣舍的发展战略再度升级，2014年下半年开始，公司开始向“时尚品牌孵化平台”的战略升级。韩都衣舍规划到2020年，通过内部孵化、兼并收购、时尚云平台的搭建，完成基于服饰品类的50个以上品牌的布局；计划并购或参股更多“小而美”的互联网细分定位品牌，以多种方式培育更多优质品牌。所有品牌将以产品设计和品牌营销为核心工作，而韩都衣舍集团将在供应链系统、IT系统、仓储系统、客服系统等方面以平台的方式给予全方位支持。

“时尚品牌孵化平台”战略其实是一个承前启后的进化阶段。它的目的不仅仅是为韩都衣舍集团孵化更多的优质品牌，更是为后一个阶段的进化打下扎实的基础。2015年开始，韩都衣舍集团宣布全面升级为互联网品牌生态运营商。此时的韩都衣舍已经从一个销售者、品牌商的角色，彻底地转变成了服务者的角色。如果说阿里巴巴集团打造的是广义上的商业智能，是电子商务的基础设施，那么韩都衣舍集团的目标就是在阿里巴巴的大平台上，做一个服装行业的基础设施提供者——针对服装的仓储、供应链体系、品牌建设、摄影、培训、客服、商业智能等方面的问题，为品牌提供代运营和基础设施。

韩都衣舍的进化史是严格按照其企业基因逻辑的发展而展开的。从韩都衣舍最初就坚持的“小组制”开始，就具备了服务商的基因。韩都衣舍品牌下面的每一个

“小组”的实质其实就是一个自主经营体，就是一个个成长在品牌服务体系下的小商家。因此，韩都衣舍从一开始成立的时候，其实就是一个赋能型的平台组织，一个“大平台+小前端”的赋能体系。在品牌自身条件成熟以及外部电子商务大环境利好的背景支持下，韩都衣舍将自身企业的核心竞争力转化为赋能型的生态运营商，将前期服务、运营的多个成功品牌作为服务能力的证明。

按照这样自然生长的逻辑，韩都衣舍未来的发展方向必然是生态运营。在新的商业时代，韩都衣舍的核心有两个，一是以大数据为基础，二是以商业智能为驱动，而目前需要解决的问题就是如何在这两个核心的前提下，提高生态运营的能力。供应链如何做到更快，最快能够有多快？柔性到底有多柔？商业智能可以完成什么样的复杂任务？据悉，韩都衣舍每年在IT开发上的投入达到4000元万。

2016年1月，韩都衣舍在山东济南挂牌成立“智汇蓝海互联网品牌孵化基地”。在济南市政府的大力支持下，韩都衣舍将主要负责该孵化基地的运营，专注于互联网品牌的创新创业，对专业资源进行优化配置。

在品牌形象的塑造方面，韩都衣舍提出了“品牌人格化、公司媒体化”的战略目标，强调企业需要不断地制造内容，以“公司的媒体化”来带动实现“品牌的人格化”。韩都衣舍着重建设自身的内容传播体系，在2016年愚人节当天，韩都衣舍宣布成立“韩都传媒”，正式开启企业在“公司媒体化”战略上的第一步。韩都传媒是韩都衣舍在打造互联网生态运营系统过程中的又一个开放体系，是韩都服务生态链上全新的一个板块。在电商淘品牌中，还没有哪家企业能有这样专业的内容营销团队来实现品牌的“花式传播”。不论是“内容的花式创意”，还是“渠道的花式组合”，不论是将内容做成“入口”，做“内容驱动型消费”，还是通过打造针对细分人群的社群，充分挖掘市场、吸引眼球，韩都衣舍都意图在一条前人没有走过的道路上，探索出一条全新的电商品牌传播道路。

专注线上，计划上市，做行业开创者

企业是时代的产物，新的商业时代催生新的企业模式，韩都衣舍出生在全新的互联网时代，不管是营销方式还是企业发展思维，都带有强烈的互联网色彩。当诸多线上品牌在互联网上做出成绩，纷纷开始选择规划进军线下市场的时候，韩都衣舍却保持着难得的冷静与清醒——坚决不走线下市场的拓展。

首先，对于韩都衣舍来说，服装是其核心业务，而服装是一个非常适合互联网销售的品类，最早在互联网上打开市场的也正是服装品类。其次，如今的商业生态越来越发达，退货险、花呗等产品的诞生，给了消费者越来越多的购物保障；而消费者在不断的试错和学习的过程中也积累了越来越多的网购经验，整体来说，整个网络购物的大环境是在朝着越来越好的方向发展。再者，随着移动互联网的发展，人们越来越倾向于在碎片化的时间进行网络购物，而将其他的时间用于其他的享受型消费。

从商业竞争的角度来说，韩都衣舍坚守线上市场的行为也有非常充分的理由。在体量上，韩都衣舍的积累还是无法与深耕线下几十年的品牌相比较。在经验上，线下的品牌运营复杂程度远远超过线上，在线上竞争异常激烈的今天，韩都衣舍没有足够的理由分散精力去拓展线下的业务。既要应对传统品牌进军线上的巨大竞争，又要分心进入一个自己完全不熟悉的领域去面对拥有成熟品牌的线下竞争者，显然胜算不大。韩都衣舍的发展规划，是借助当下自己在线上的优势，继续扩大品牌的影响力和运营能力，不管是做好产品、品牌，还是做好生态服务，都要首先在线上站稳脚步，守住当下的优势，既帮助提升韩都衣舍品牌的势能，同时带动生态运营的发展。

2016年4月，阿里巴巴集团旗下的天猫平台宣布成立“协助商家上市办公室”，帮助平台上的商家与券商、交易所以及与其他已经上市或即将上市的品牌电商企业之间搭建沟通桥梁。在阿里平台上拟IPO的商家中，就有韩都衣舍的名字。从草根创业，在互联网上卖货，到成为一家有上市能力的企业，韩都衣舍是众多在电子商务时代浪潮里成功的典型，也是在自身品类中创造全新商业模式的行业先锋。

韩都衣舍集团副总经理胡近东表示，韩都衣舍拟IPO（首次公开募股）的行为，说明了一种希望——曾经很多人都认为互联网就是一个卖货的渠道，是不能发展品牌的，但是，以韩都衣舍为代表的一批电商企业的上市行为表明，在互联网上发展起来的企业也可以拥有自己的品牌，拥有规范的品牌管理、有价值的商业模式以及被资本市场所认可的发展前景。

从单一品牌的效果传播，到成立专门的传媒部门打造品效合一的全集团全媒体营销，从一家做代购的卖货店铺，到成为一家有能力上市的电商生态服务运营商，韩都衣舍用自身的成长和进化，为整个互联网电商行业，树立了一个全新的标杆，也用实实在在的成绩告诉了那些曾经充满了质疑的人——互联网不仅可以发展品牌，而且可以孕育全新的商业模式，为整个时代开创一个企业成功的典范。

华邑的数字营销秘籍

华邑，一个年轻的名字，同样也是一个传奇的名字。自成立以来，华邑已经做出了许许多多惊艳的营销案例，各大奖项也是拿到手软，让人不禁为之赞叹，在瞬息万变的数字营销中，华邑究竟凭什么能有如此持久的创意能力，又究竟掌握了哪些数字营销的秘诀呢?

华邑大招之一：杀伤力最关键

华邑是一个很有趣的公司，它是业内少数几个不避讳谈效益的公司。对于很多广告人、创意人来说，创意才是应该挂在嘴边的东西。而对于很多数字公司来说，以精准的广告投放工具作为开场白也是最常见的事情。但我们都知道，对于品牌主来说，实实在在的生意才是硬道理。再精妙的创意，再准确的投放，如果不能真正的有所产出，就是一笔失败的投资。这些品牌主所需要的，就是一家有实效的营销公司。华邑的创始人兼执行副总裁杜卫表示，以品牌生意而存在，以帮助客户实现生意的增长，是华邑的目标，是华邑的信仰，也是华邑能屡屡创造现象级营销案例的原因。

2015年9月，华邑为丸美制订的“眼戏”营销方案轰动了全国。梁朝伟深情的双眼迷住的不仅是万千粉丝的少女心，更是把丸美，一个本土化妆品品牌深深地扎进了消费者的心里。此次营销活动从预告的悬念到投放时的轰动再到最后的全民模仿，华邑和丸美联手演了一场真正的好戏。

当7幅特写梁朝伟眼睛的海报出现在上海地铁站，当王家卫御用班底制作、4大卫视全国首播且直播一次的信息曝光，大家对《眼》这个影片的关注度开始聚焦。同时，网络上开始盘点梁朝伟30年来的精彩眼神片段，再加上王家卫15年前的神点评“梁朝伟单靠眼睛就能演戏”的烘托，电影大片式的悬念终于把公众对于此次营销的期待值提到了最高。当25日晚，长达3分钟的影片在湖南卫视、江苏卫视、浙江卫视、东方卫视同时锁屏播出，隔日又在腾讯视频、朋友圈广告再连番上阵，引爆了社交媒体各界的话题度。最后，王祖蓝牵头二次“完美”演绎“眼戏”精髓，从而引发众多网友主动进行自我创作，一共收获了3869件UGC（用户原创内容）作品，引发二次传播高潮。而且，这部影片以关怀女性的角度出发，直击现代女性内心。在她们奋力拼搏在事业、家庭、爱情上时，用“就算你衣食无忧，也觉得你处处需要照顾”“你只要一笑，就是那个不服输的小女孩”这样的情话与受众沟通，以情感上的暖、心理上的懂得，建立起丸美和消费者共同的情感认知。这个营销活动实现了一个以眼神闻名的影帝和一个以眼霜为特色的品牌的完美对接，并成功地刷新了丸美在女性消费者心中好感度。

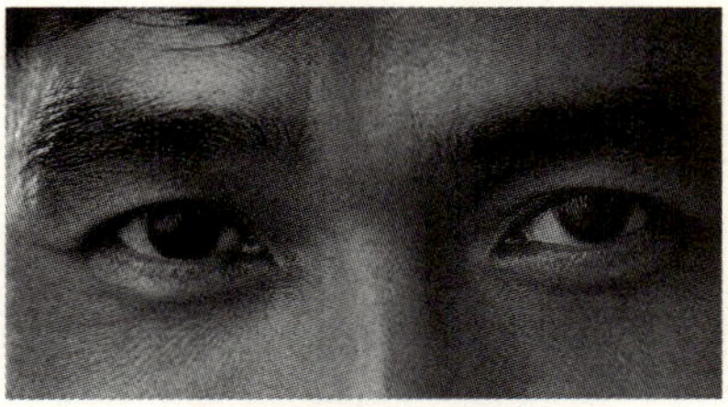

丸美《眼戏》之梁朝伟视频截图

丸美《眼戏》之王祖蓝视频截图

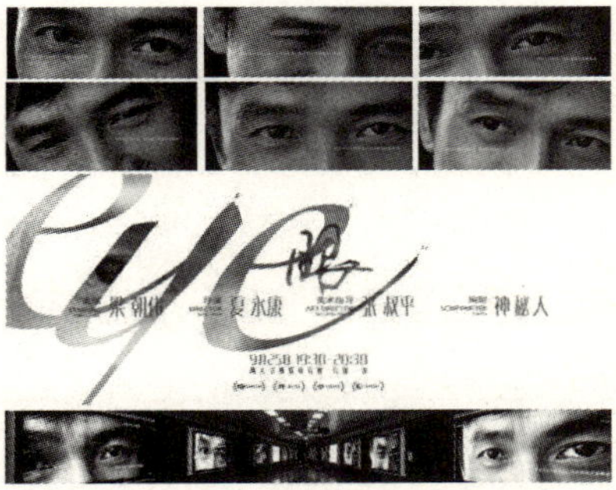

丸美《眼戏》视频宣传海报

不可否认，这是一个好创意，但华邑更看重的是，在这个创意的背后，带给丸美的到底是什么？2015年10月，丸美在淘宝全网眼部护理品牌销售额NO.1，市场开始把丸美眼霜和一线的国际品牌相提并论。可以说《眼》确立了丸美的轻奢形象，并成功地为这一传统美妆品牌注入了互联网基因。

在华邑看来，一个好的创意，并不是空谈，也不是引爆了社会热点却对品牌于事无补，就像丸美这个案例一样，杀伤力才是衡量一个营销活动的关键。品牌的认知度是否有提高？产品的销量是否有增长？这些实打实也有些不近人情的数据是需要被重视的。一个为客户生意着想的公司，一个以实效为目标的公司，才能获得成功。

华邑大招之二：以情动人

综观华邑的各类成功案例，情怀总是他们的主打牌。比如2013年双十一，华邑为茵曼、Artka、裂帛策划光复单身营销活动，让消费者为自由买单。又如2016年vivo手品之美，华邑用苍白体打开了国人对于匠人精神的感同身受。似乎华邑总是能够深挖到消费者心里最柔软的地方，给品牌主留个座儿。而在如今的中国，这份善于洞察人心、挖掘社会痛点的本领其实格外重要。

随着现在社会物质的极大丰富，经济水平的提高，人们对于精神消费的需求越来越大。对于消费者而言，品牌所要提供的已经不再局限于产品本身的功能，当然这是最基本的，他们所需要的还有与品牌情感的沟通、精神的寄托。只有当一个品牌能同受众建立起自己的情感联系，才能更容易使消费者产生品牌认同感，产生消费冲动。

2015年双十一，华邑策划了丽贝乐“为妈妈请睡”的整合营销活动，就是基于情感诉求的一次与消费者情感关系的建构。丽贝乐是瑞典SCA集团旗下品牌之一，是欧洲婴儿纸尿裤领导品牌。但在国内，丽贝乐的品牌知名度并不高，其自身定位为高端纸尿裤，较高的价格也并不利于国内价格战频繁的市场竞争，而夜间纸尿裤的产品定位，也与帮宝适传播多年的金质睡眠相类似。如何突出重围，使消费者接纳丽贝乐呢？情感诉求成为最好的选择。华邑以妈妈缺觉，这个老生常谈却得不到

丽贝乐“为妈妈请睡”活动病毒视频截图

社会主流关注的问题入手，制作了《缺睡妈妈》病毒视频。一时间，上百个母婴大V、公众号，乃至明星都进行了转发、评论，“为妈妈请睡”的口号被刷屏。这轻易地赢得了各位妈妈们对于丽贝乐的好感。同时，在这条视频中不仅体现了对妈妈的关怀，也提出了解决方案：号召爸爸们成为贴心暖男、奶爸，传递一份对妻子、孩子的关爱。于是，这场活动把爸爸这个以前在母婴类产品营销活动中经常忽视的角色拎到了台前。而且，丽贝乐还邀请了贾静雯、修杰楷这对台湾有名的恩爱夫妇做了产品的代言。修杰楷公开承诺，为贾静雯请睡，把品牌的口号落于实处，引发大量围观人群效仿，全民UGC。这次“为妈妈请睡”活动为丽贝乐带来的不仅是话题热度的居高不下，还有各个家庭对此品牌从情感上的亲近和喜爱。这份品牌的认知、情感的认同最终转换为产品销量的大幅增长，在2015年双十一期间，在天猫全品类所有品牌中，其支付转化率排行第三，单天为50.83%，远远高于竞品帮宝适、好奇、花王等。

对于丽贝乐这样有过硬产品、充足资金的大型企业都需要依靠情感诉求来维持和刺激消费，可见，现有市场的同质化竞争有多严重。在品牌营销的时候，粗放式掠夺的操作手法，已经让消费者厌倦，消费情怀才是未来的主流趋势。

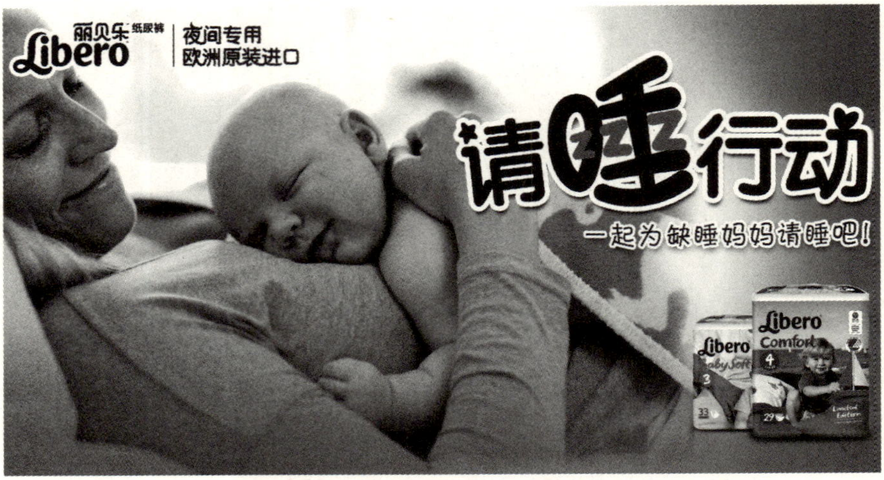

丽贝乐“为妈妈请睡”活动宣传海报

华邑大招之三：唯快不破

在互联网经济下，不停地变化才是大家最习惯的常态。在短短的一段时间内，网络热点就可能从艾克里里到papi酱，从《琅琊榜》到《欢乐颂》。如何应对瞬息万变的网络营销成为每个品牌、广告公司又或是营销公司头疼的问题。在以往的制度下，一个创意的完成所需要的程序与时间都太长，已经不能适应现有的传播环境。所以很多企业都在改革，试图以快制快。加快创意的产生、创意的执行，简化决策流程，从制度上加快品牌营销的进度，这是无可厚非的。但是很多企业除了在制度上加快，在内容上也在努力地变“快”。只要有能跟得上的网络事件，就跟上，到处蹭热度。可实际上却发现，无论怎么快，似乎都追不上网络热点的转移，而且也很难把这个蹭来的热度转化为自己品牌的实在利益。这其实就是一个误区，一味地追求快，最后把品牌本身给丢了。

杜卫表示，对于华邑来说，也一样在求“快”，信息传播要快，购买决策要快，营销更要快。但是，在“快”这一字上，华邑仍要求自己要准。不能瞎快，不能盲目地追求社会的热点，不能在忙于求快的工作过程中忽视了品牌真正追求的东西。尤其是在如今信息爆炸、传播成本越来越高的情况下，华邑所作的交互跨屏整合营销更需要一个准确的目标，否则再好的创意打偏了目标消费者，就是浪费了。所以，华邑最擅长的，就是创造社会热点。前文提到的“眼戏”“为妈妈请睡”都创造了话题事件。

大家还记得2014年过年时流行的祝福语并不是一马当先、马到成功之类的，而是马上有钱、马上发、马上帅、马上红……这就是华邑为脉动创造的“马上体”，源自华邑在针对春节这个每年的大热节点创造的一次营销活动。该活动是华邑从脉动产品的新卖点出发，提早了足足半年进行策划的。这在现在求快的营销时代中看似并不合群，但反映出了在如今求快的局面中，准是更重要的前提。

华邑大招之四：无招胜有招

当谁都在谈数字营销、跨界传播的时候，概念、理论变得太多了。这个潮流、那个潮流，究竟哪个才是对的？在人云亦云的跟风中更显得模糊不清。其实，互联网经济虽然发展迅速，但仍处在刚刚开始的阶段，大家都在探索，无论今后的发展趋势怎么变化，最本质仍旧没变，即客户和产品。互联网改变的是品牌和消费者沟通的方式，是品牌信息传播的方式，但没变的是，消费者究竟会为什么买单。所以，请不要再计较点击量，不要再纠结是传统媒体还是网络媒介，让我们回归到产品和品牌本身！所有的创意都是为了产品和品牌服务的，不要为了数字营销而选择微博、微信，甚至是秒拍或直播，不要为了整合营销而勉强地把杂志、报纸、电视、社交网络凑在一起。要真切地分析品牌与消费者之间的联系，理清消费者接受信息的渠道，究竟是传统媒介还是社交网络，又或是两者的结合，决定权应该在消费者手里，而不是品牌主和营销公司想想而已。

在这一点上，杜卫想得非常清楚。传播渠道的改变仅仅是消费者与品牌之间沟通方式的改变。其实，为什么现在很多品牌用原来的广告、公关方式完全失效，用数字整合营销的方式也同样做不好，就是在于他们仅仅发现了传播渠道的更新，却没有发现改变的是消费者接受信息的新习惯和新心理。基于此，华邑从建立初始就开始在消费者与品牌之间的沟通关系上，进行了深入而直接的探索。华邑的交互营销就在此基础上诞生了：针对品牌的特点和期望值进行策略创意，利用互联网的技术和思维，打通传统与新平台，制造社会事件、热点话题，帮助品牌和消费者直接进行沟通，建立良好有效的情感交流。这不仅使华邑从本质上区别于传统的广告、公关公司以及单纯的数字营销公司，也是华邑这几年华丽战绩背后最重要的原因。

利用互联网的技术、思维，却不被其绑架，这才是品牌营销真正该有的态度。

零食电商三足立，良品铺子“放大招”

零食电商品类的三足鼎立

电商零食类目经过近几年的竞争淘汰，呈现出三足鼎立的发展格局。其中，三只松鼠以鲜明的品牌定位、萌趣的品牌形象在互联网上迅速崛起，深受网购用户的喜爱，三只松鼠在情感营销、增强用户体验等方面有许多值得借鉴的地方，对互联网营销的手段方法把握也比较到位；百草味则以“趣味零食探索家”的形象，主打全品类零食，多年来深耕细作，2015年更是以趣味的“三只眼”形象及新晋的代言人杨洋巩固自己零食类目中的地位。与前两者不同的是，良品铺子是前三甲中唯一拥有线下广泛的门店基础的品牌，自2014年双十一以优异表现从前十迈入前三后，一直稳定在零食类目前三的位置。此外，良品铺子制定的营销战略都是以用户为导向，认为与用户的情感联系、提供给用户的产品价值远远重于产品本身。另外，与三只松鼠、百草味相比，供应链的完备是良品铺子的一大优势。良品在供应链上做的时间更久，积累了许多经验。同时，其产品本身在品类上很多样，这在短期内也是很难被超越的。

正如良品铺子电商市场中心总监介绍：“良品铺子在线下拥有近2000家实体店，这些都是以客户为基础扎扎实实一个店一个店开出来的，相较于其他零食类目的纯电商品牌，良品铺子将企业线下良性经营获取的利润回报投入到其他事情上。2014年良品铺子在品牌营销上投入了很多资金，这些都离不开良性经营的支撑。”相较于三只松鼠这一典型的互联网电商品牌（它在经营消费者的公众认知上是非常成功的，提起坚果品牌，消费者都会直接想到三只松鼠），良品铺子在经营消费者的认知上，也有自己的品牌主张——品牌将零售用户聚焦在18～28岁的女性，这批消费者对零食品质、品类有一定的要求，良品铺子希望消费者认识到这是一个全品类的高品质品牌。在对品类认知上，良品铺子的代言人黄晓明在去年的广告中用“挑颜值”“挑身材”“挑味道”为口号，表明良品铺子希望给消费者精挑细选多品类的高品质零食，以“精致有品”为调性，希望消费者能够认识到这是一个品类齐全、高品质的、令人放心的品牌。

“大”战略放大招

天猫双十一不仅是全年最盛大的网络购物狂欢节，更是整个电商界一年一度的竞技场，是整个品牌曝光的绝佳机会。良品铺子2015年第四次参加双十一，不仅要在天猫双十一取得销售业绩的突破，更是要通过天猫双十一打造一次盛大的品牌曝光、吸引新客的品牌活动。整场活动以双十一为核心，为期两个月，从上承接国庆品牌活动，从下预热双十二。活动期间代言人话题事件、碧根果Plus大产品的融入，以及天猫双十一购物狂欢节，是此次活动的波段高峰和亮点。良品铺子以“双十一放大招”为主题，在9周年庆活动之后，再次热掀回馈良粉的高潮。全部预热期分为三个维度：大手笔、大头条、大劫案，直至最终引导至双十一放大招爆发。良品铺子基于一年一度盛大的天猫双十一活动，围绕“大”为主题，以碧根果Plus作为贺礼赠送黄晓明婚礼“大事件”为起点，以“大头条”为过渡，引起用户的强烈关注，以“大劫案”引导用户加购、领优惠券为结束，最终引向“良品双十一放大招”双十一当天引爆销售与品牌关注。

此次双十一具体营销活动流程可以归纳为：第一波预热活动，10月8～18日，以“大事件”为主题，由代言人黄晓明婚礼发起借势营销、传播网络热炒创意H5“谁偷了黄晓明婚礼红包”，派发双十一优惠券碧根果Plus启动预售、创意传播，第一波店铺活动“大事件”上线，包裹营销DM（直接投递）单派发，线下门店双十一活动宣传引流启动，并配以主题为“晓明新婚我送祝福”的自媒体营销活动。第二波预热活动为10月19～31日，以“大头条”为主题，打造一场异业品牌联合活动，天猫双十一ALL IN19大品牌联动及线下公关活动，传播病毒视频。第二波店铺活动“大头条”上线，包裹派发营销品牌手册双十一版，这一波预热活动的自媒体传播为“随手拍你身边的良品双十一广告”。第三波预热活动为11月1～10日，以“大劫案”为主题，制作病毒视频，传播创意H5（html 5页面）“黄晓明邀你参演最新大片《大劫案》”，引导用户加购，异业品牌EDM（电子邮件营销）及会员互发短信，开展门店天猫玩偶活动为双十一引流。第三波店铺活动“大劫案”上线后，配以自媒体活动：晒出你的良品双十一购物车。前三波预热活动之后，就是双十一当天的高潮活动，在11月11日当天全面热卖，宣传营销口号“赢免单、送豪礼”——11个奢侈品大牌肆意送，百万赠品送不停。

良品铺子对这一年度的营销传播活动所定的战略目标是：通过天猫双十一活动，达成销售业绩与品牌影响力提升的双重目的。良品铺子针对此次“良品11月11日放大招”的活动的营销目标是：双十一前三波预热活动：第一波（10月8～18日）1162万；第二波（10月19～31日）1586万；第三波（11月1～10日）526万；双十一销售当天，1亿元。经过三波预热和当天的活动引爆后，销售目标的达成率如下：第一波1173万（达成101%）；第二波1876万（达成118%）；第三波657万（达成125%）；双十一当天9405万（达成94%），整体销售目标达成。从品牌曝光及影响力来看，百度指数提升2.5倍，超过预期目标；淘宝指数增长7倍，超出预期目标；微博微指数提升10倍，远超出预期目标；新客户增量75万（达成150%）。以上数据证明了此次“良品双十一放大招”活动卓有成效。

营造企业文化，凝聚员工情感

良品铺子能够对双十一做大规模的投资，这离不开线下的推动。实际上，线上的销量仅仅占到良品整体销量的百分之十几。良品电商市场总监介绍，不能仅仅从电商的角度来看投入策略，良品铺子80%的销量来自直营店。这也是良品竞争力的来源。

在对店铺、员工的管理上，良品铺子也形成了自己的一套运作方式。良品铺子线下有2000多家店铺，在这些店铺里面直营店占到了八成。公司会严格把控所有门店的管理，如果加盟良品铺子，店员都是由公司来培训。相较于三只松鼠、百草味等同行，良品铺子从运营第一家实体店开始，经过了经年累月的沉淀，在资源配备、运作方式、员工幸福感的提升上，形成了自己的一套理念。电商市场中心总监介绍说，良品铺子发展多年，特别注重塑造企业文化，提高员工的工作品质，讲究员工工作的快乐感，提出“品质、快乐、家”的理念，让员工在最便利、快乐的环境中工作。因此，尽管很多员工在良品铺子的工作时间很长，但是大部分员工的幸福感很强。许多加盟商、员工把店铺当成自己的家，越是积极地服务，他们收获的快乐感越强。在薪资配备上，良品铺子也注重在物质上提高员工的满足感，从2014年起，以门店事业部为单元，全体员工都有超额利润分红，良品的运营理念是把品牌的价值观通过绩效奖励的方式真正地落地。此外，在门店运营上，也放权给员工，比如在品牌电商这一块，良品对天猫旗舰店实行店长经营责任制，店长每个月可以自己确定商品策略、营销手段，对店铺运营有自主权。

物质手段加上精神文化氛围的营造，在很大程度上凝聚了员工情感。

进入全国性的品牌战略阶段

良品在去年提出全渠道策略，从线下门店到O2O平台电商、B2C商城、电商网站、社交电商、微信商城，将所有和消费者能接触的点都作了布局，这种布局不仅仅是为了密集营销，更是为了给消费者提供最大程度的便利。线下门店的选址也是本着这种原则，在商业区，考虑到人流量比较大，会设置大店面，而在住宅小区选址上也非常讲究，一般会在小区前门或后门比较方便的地方设置店铺。这种广泛而精准的店铺布局有效地提高了品牌的辐射力。

做好店铺全渠道布局的同时，从2014年起，良品铺子签下黄晓明作为为期两年的代言人，还赞助《爸爸去哪儿》等综艺节目，这些投入旨在推动整体的品牌知名度，助力品牌迈入全国性品牌。在对代言人的挖掘上，良品铺子表示，启用代言人与运用其他市场营销手段的目的都是一样的，都是为了连接用户。通过黄晓明代言，打造品牌形象，最终都是为了给品牌定位。2014年相关的广告都是比较单向的，这些广告的目标也是向消费者传播品牌形象，从整体的零食市场大环境来说，良品还是一个发展中的品牌。第一次与黄晓明进行代言合作，对良品而言，这也是一种新的探索，表明良品铺子正在向更高的市场知名度、更广的市场领域探索。从总的营销投入来看，单纯分摊到电商渠道的并不多，但效果不错，良品铺子的电商销量从2014年开始达到前三。在此之前，主要的营销战略都集中在华中地区线下市场的开拓。通过这些品牌动作，可以发现，良品铺子已经进入了全国性的品牌发展阶段。

好服务，好产品，好体验

在战略定位上，良品铺子坚持稳扎稳打，不急于抢占市场份额，在经营的范围内，落实高品质，提高消费者的满意度，将消费者的体验做到极致。

好服务，好产品，极致的消费者体验，都会增加产品的竞争力。良品铺子做品牌营销投入的目的，不仅仅是完成销售目标、基本利润目标，在这前提下，更要提升消费者体验。促使消费者在网上购物的核心需求和卖点是价格实惠，他们会先锁定产品的价格，再看评论，其次会考虑物流因素。因此，在淘宝平台上，必须权衡好消费者所要花费的搜索成本和网购便捷。这也是良品铺子在电商方面所要权衡的地方，线上运营全品类，要考虑到搜索的便利度，降低消费者决策的搜索成本。

接下来，良品铺子也会着力在组织机构的变革、用户体验、产品驱动上市等方面下功夫。用户体验导向上，良品2015年下大力气学习和完善的一部分，尽力在每一个用户体验点上都能为用户挖掘出更大的价值。比如，2015年双十一启用顺丰包邮。这在行业内部还是首次，在全国范围内使用顺丰包邮可以解决送货不及时的问题，确保了送货的保障，提高了物流速度，在消费体验方面是很大的提升。另外，良品铺子2015年打造了一些高端产品，在全品类推出的同时，开了一条高端产品系列，在2015年8月份上线。良品希望通过高端产品线的推出来提升品牌调性，不断地迭代、优化原有的产品系统。此外，良品还计划包装迭代升级，包装也在很大程度上影响到销售，良品铺子产品的包装元素有的需要变，有的不需要变，这需要形成一套机制。同时，2015年良品在场景营销上也作了更多的思考：一切的体验要满足消费者需求，考虑到消费者在办公室和家里等不同环境下的不同需求，应在具体的什么时间、什么环境下做哪些推广？针对具体的在家带小孩的消费者、出游聚会的消费者等，应根据他们需求场景的不同做哪些差异营销？做好这种精致的分析、挖掘消费者需求，营销会更加定向。

食品行业是低毛利率的，良品铺子认为要想长久发展，必须打破以低价格来赢取消费者的局限做法。在产品质量上，良品铺子作为实体商，对食品品质有自己的严格把控。公司内部有一个国家标准的实验室，质检的标准比国家对零食类产品的质检标准还要高，而且公司质检实验室检验的项目和纬度也更多。在生产工艺上把控精准，保证产品质量的统一标准，在供应链上做到遥遥领先，在生产流程、运输、质检等方面趋于极致，这些都是良品铺子的竞争优势。

良品铺子也表示，他们会加快迭代的速度，在消费者体验、继续提升产品品质等方面日益完善，给消费者更多的品质保证，在保证基本的规模和利润的同时，为消费者创造更大的价值。开展一些跨界合作联合营销活动，增强品牌的知名度，这也是未来良品铺子主要的努力方向。

对于现在取得的营销业绩和品牌实力，良品铺子也表示，互联网在本质上是瞬息万变的，其他的品牌极有可能后来居上，营销取得一定的成绩也并不意味着一劳永逸，通过落实强化线下实体店的力量，形成线上线下互动营销，这也会帮助电商良品铺子站稳脚跟。在稳健的成长中，良品铺子从来没有松懈过。

马克华菲：“她经济”时代，你的衣服谁做主

人靠衣装马靠鞍，男人穿衣给谁看？马克华菲在每一年的金麦奖上都获得了男装品类的金奖，从2015年马克华菲提出的“错位营销”“眼球经济”到2016年提出的“女友经济”，无不体现着马克华菲深谙“她经济”之道。

“女性经济”大行其道

当代女性是网络应用的热情参与者，是网络中的绝对购买力，今天的女性已成为人数增长最快、活动参与最积极的网络用户。统计数字显示，女性在社交网站的在线时间比男性高出30%以上。女性经济有别于一般所称的实体经济，也有别于所谓的虚拟经济，其实质是一种新型的人群经济形态，具备独特的特征。从发展趋势来看，女性对经济的贡献率呈上升态势，网购从时尚演变为女性群体消费的习惯。马克华菲的受众是年轻的85后，18～29岁占绝对主导，在马克华菲双十一消费人群画像中，女性消费者比2013年贡献了更多销售额，占到近一半比例，具体是43%。这样

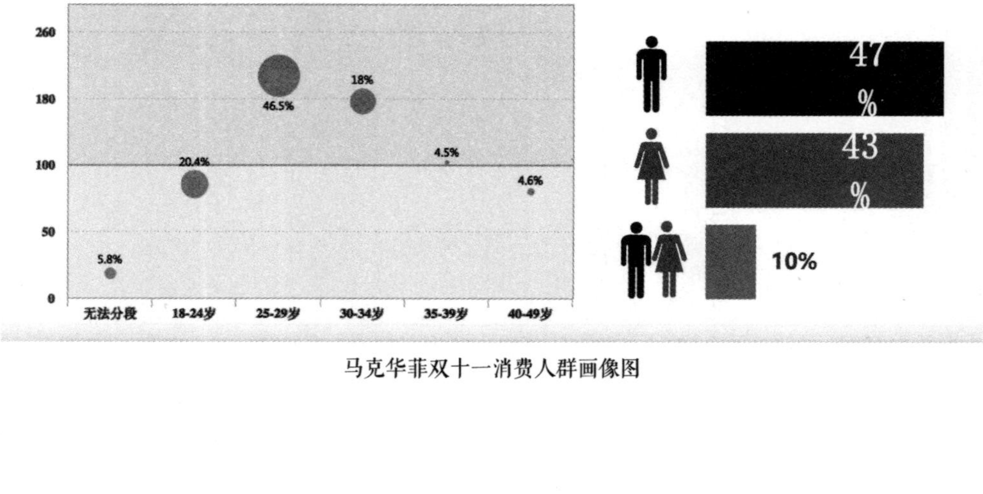

马克华菲双十一消费人群画像图

要你好看 # 神吐槽病毒海报

的数据让马克华菲的双十一“要你好看”的营销活动有了很好的数据支撑。男人穿衣给谁看？马克华菲整个营销活动利用的是女性经济的视角，这一方面是基于马克华菲虽是男性品牌但有很大部分是女性买家，还有一部分原因是从消费者洞察来考虑，女性的地位越来越高，在许多社会关系中女性的话语权占主导，马克华菲的男性年轻受众需要社交，这两方面的原因让马克华菲接下来的营销活动顺理成章但也新意十足。

具体而言，马克华菲在营销的第一阶段推出“要你好看”神吐槽病毒海报，12星座女神发布神吐槽病毒海报，为整个营销推广预热并引发目标受众关注。女神无情抨击被全世界诟病的“直男癌”作为整个营销的起点，夸张的画面、一针见血的文案，一举击中各星座男性的痛点，引发受众广泛讨论。相关话题在发布后5天内网络声量超过 65万。接着，推出第2轮星座女神“要你好看”扫码海报，利用消费者前一轮积攒的好奇心，让星座女神的关注度持续增长，并引流到H5视频互动游戏，女神视频通话互动H5，利用12位星座女神与目标消费者的亲密接触式视频互动，借助目标消费者的痒点、痛点和利益点，制造噱头并配合层层递进的机制，引爆朋友圈进行深入互动并辅助转化。

“时尚跨界”颠覆传统

马克华菲向来在跨界领域有很多新的尝试，首先，马克华菲参与了阿里妈妈2015双十一颠覆传统的新玩法，联合周大福、乐视、魅族等19家各类目顶级品牌，跨界出击，共同演绎ALL IN电商风云大片。19个商家的结合意味着一种电商新模式的探索，在这19个商家演绎的风云大片里没有直接的同品类竞争，这无疑是种共赢的理念。打个比方，乐视的客户群会通过对All IN的了解成为马克华菲的客群，这样的联合活动就是用户资源的共享。这对于马克华菲而言，这不仅是拓宽新客户很好的渠道，也是对品牌的一次良好宣传与建设。其次，在2016春夏上海时装周上，马

双十一 ALL IN 电商风云大片宣传海报

马克华菲上海时装周之全球最潮大叔 NICK WOOSTER 压轴大秀现场图

全球最潮大叔 NICK WOOSTER 宣传海报

克华菲受组委会邀请，联合全球最潮大叔NICK WOOSTER为上海时装周跨界合作压轴大秀站台。

这也是NICK大叔作为纽约、巴黎等国际时装周的常客之外，在亚洲的首次大秀。

马克华菲还跨界联合台湾明星吴克群个人主理潮牌DEBRAND推出全新视觉DEBRAND × FJ跨界系列潮品，吴克群亲自演绎每季形象片，并亲笔撰写上市文字。这一系列给消费者带来更时尚的着装理念和更新潮的服饰产品，极光系列上线仅4天访问量就突破15万人次。

马克华菲与明星的合作并非挂名而已，从设计到选料明星都深度参与，可以说每一件产品都有他们的灵魂在，与不同领域的意见领袖的合作能够带给消费者更多更精彩的消费体验，也可以吸引更多消费者。

“首席时尚官”抢占热点

2016年马克华菲更是大力出击，邀请“全民老公”宋仲基为FJ品牌形象代言人，连续抢占各种话题榜和热搜point（点）。凭借《太阳的后裔》而拥有爆棚人气值的宋欧巴，除了给品牌带来足够的关注度外，更将马克华菲FJ的“无限时尚力”演绎得淋漓尽致，无论是男人味十足的帅气，或活泼玩味的搞怪达人，还是清新如风的气质男人，都给消费者带来与众不同的视觉享受。

“life style”全新打造

在中国时尚圈，马克华菲独具艺术气质的本土原创设计品牌以多彩的印花、精致的细节设计赢得了眼球。马克华菲从起步到成长已经过去了15年，世界在不断地蜕变，消费者的观念及审美也在不断演变。在这高速成长的15年里，马克华菲倡导在新的潮流时代，发出“为都市男性青年创造摩登艺术的生活方式，做生活的艺术家”的核心理念，并围绕这一理念升级和重塑商品、视觉、传播、服务等。马克华菲善于抓住都市男性青年所向往的生活方式，以一个个跨界联乘事件为平台，统合品牌视觉调性、商品营销策略，整合线上、线下媒体资源和渠道资源，树立“做生活的艺术家”这一核心概念，在青年人群中推广并招募生活的艺术家，为品牌塑造深厚影响力。

马克华菲的男装风格很多元，有新绅士风格，也有偏潮牌的华菲型格，在竞争激烈的男装品牌中，马克华菲已经有了自己新的规划和发展。中国男性消费者的变化很快，从以前盲目追爆款到如今的怕撞衫，与女性消费者一样，男性消费者也接受了越来越多有关穿衣之道的引导，这背后是中国时尚产业环境的大变化，也是马克华菲一直在寻求自我突破的原因。作为跨界高手，马克华菲正联乘全球最有价值的品牌COCACOLA、台湾本土手工品牌BRUT CAKE、软雕塑艺术家及玩偶设计师大D等重磅领域设计师打造真正的时尚单品。不仅如此，以往的马克华菲都主打男装，但2016年会在全品类全面爆发，女装、鞋品、童装，都是2016年新开发的

马克华菲与软雕塑艺术家及玩偶设计师大D联合打造之时尚单品图

马克华菲与COCACOLA跨界合作之时尚单品图

品类。另外从渠道而言除了以往比较依赖阿里以外，2016年马克华菲在京东、蘑菇街、唯品会都有所发力，所以马克华菲2016年会走全品类综合时尚的品牌路线，全品类尝试、全渠道覆盖、打造新的“life style”会是马克华菲接下来的战略规划。

美的：敢于尝鲜的勇者

对于很多消费者来说，美的的电商化并没有那么明显。作为我国传统家电企业的巨头，美的带给消费者的印象更多源于其扎实的线下基础。但如今，美的生活电器在线上营销这个领域却做到了惊艳。她带着传统企业的韧性和积淀，转变成为电商界敢于尝鲜的勇者，并践行了互联网经济下勇者胜的道理。

“智”同道合的合作

2015年双十一，两个想象不到的品牌牵手走到了一起，那就是美的生活电器和Uber，这对看似毫不相关的品牌，却奇妙地在这个“一键拥抱新生活”的活动中和谐起来。在Uber的助力下，美的生活电器在11月11日当天10：00全网销售额就突破了1亿，到16：00突破了2亿，到24：00更是突破3亿，比2014年双十一同比增长93%，成功卫冕了厨房电器类目的全网第一。

这场合作无疑是美的一次勇敢的尝试。而这勇气的背后，是美的生活电器对于自身产品目标消费者的深刻洞察。在智能小家电的市场上，主要购买人群已经不是我们过往所认知的家庭主妇或是成熟的妈妈们，而是对生活品质有所追求却技能有所生疏、想要享受人生却生活节奏过快的年轻家庭。他们偏爱新事物，偏爱智能的生活，不愿意被琐屑的平凡生活所局限，喜欢在日常生活中拥有一些小惊喜，喜欢一些简单操作就可以有漂亮结果的产品。这无疑和Uber的受众有很大的重合部分，而且Uber一键用车这样便捷的操作过程与美的的智能生活电器所想传达的用户体验：一键购买、一键使用、一键遥控是完全吻合的。因此，当美的选择了Uber，我

美的双十一惊喜发布会纸媒广告图

美的双十一销量宣传海报

们会感到惊讶，却不会感到突兀。因为你忽然发现，咦，原来使用美的和使用Uber的人，生活方式是一样的呀！

而且，此次双十一的活动彰显了美的对于互联网移动端市场的野心。根据中国互联网信息中心（CNNIC）2015年第37次《中国互联网络发展状况统计报告》统计，截至2015年12月，中国网民规模已达6.88亿，其中手机网民规模已接近6.2亿，有90.1%的网民通过手机上网，较2014年年底增长了4.3个百分点。显然，要做线上营销，互联网移动端已经成为商家的必争之地。对于这块众人眼中的香饽饽，美的生活电器选择了一名深谙无线端营销之道的老手Uber合作，借力传播，较好地完成了从一个无线端到另一个无线端的购买过程。用户从Uber的应用跳转到手机淘宝商城进行消费行为，同时美的生活电器辅助明星送惊喜线下活动吸引购买和转化，这大大降低了用户的行为成本，刺激了受众的购物欲望。这一场突破了3亿销售额的无线端互动试水销售是美的打的漂亮一仗。

当然，这场合作的成功并不仅仅是因为两个品牌合作无间，在推广的渠道选择和内容营销上，美的生活电器也是下足了功夫的。在活动预热期，美的生活电器选择了小咖秀病毒视频、微信H5以及《新京报》的整版硬广进行传播，横跨网络新媒体和传统媒体，充分覆盖了美的生活电器各类目标消费人群。这其中，对小咖秀这类秒拍视频媒介的选择是非常有深意的。流行的小咖秀显然不是一个全年龄段的媒介，在其受众中，年轻人应当是占了绝大部分。这类人对于病毒视频的营销手段接受度是非常之高的，而且乐于参与其中，对于段子的模仿甚至是创新也是可以帮助

美的联合 uber 活动之现场图

品牌进行二次营销的。美的生活电器选择小咖秀做魔性的智能生活病毒视频，可以说是一石二鸟之举，不仅能将产品与品牌传播给消费者，而且也能使得消费者不自觉地变成美的生活电器品牌的传播者。到活动期，美的又携手Uber一起开了一场特殊的微信群组发布会。微信的功能众所周知，但微信群组能开发布会却让人耳目一新。此次发布会采取了1+1+N的模式，即1个50人的主会场，1个500人的副会场以及7个分会场，由主会场向其他会场转发直播信息，其中50人的主会场包含了Uber代表、天猫小二代表、美的生活电器代表以及各路媒体代表等，这场远程发布会从话题到形式都是满满的诚意。

在这一场营销活动下，美的和Uber达成的是一场传统企业与互联网企业优秀的合作。

高大上的中国制造

2015年的双十一淘宝引入全球购，大力推广海外品牌的进驻，使得双十一变成了中国品牌和国外品牌共同的节日。实际上，不仅仅是双十一，平时这些海外企业也是在大口吞食着国内的市场份额。在生活电器这个品类，美的虽然占据了国内市场，甚至在国内线上市场都占有了较大的份额，但海外品牌给予的压力也是不容小觑的。尤其在电饭煲等产品上，虎牌、象印等日本品牌的高端产品有着非常强的竞争力。他们有着过硬的产品和用户体验，形成了一群忠实的用户客群，造就了一场自发的口碑营销，而在目前网购的主力军中，这类人的购买力和影响都非常大。再加上目前淘宝、京东以及唯品会等线上购物平台，扩大了海淘的通道，使得用户购买海外品牌的成本大大降低。这对于美的等国产品牌都是极大的冲击。针对于此，国内很多企业开始打价格战，试图从价格优势入手。但这显然不是长久之计。要应对这类情况，塑造自己的品牌特性、推广自身的产品优点、加强自己与消费者的情感联系才是上策。

美的联合 uber 活动之体育明星宣传海报

美的推出高端的鼎釜电饭煲不仅是为了应对海外品牌冲击，最主要原因在于美的作为中国小家电行业领军人物，尤其在电饭煲领域，美的一直在不断创新，推陈出新，推高卖贵，引领行业升级，期望带给消费者一碗更香甜的好米饭。

对于海外品牌，经过一系列权威测试（包括央视《消费主张》），拼高原，战米种，实际上测试结果表明美的电饭煲并不比日韩的电饭煲差，并且中国电饭煲更加适应国人对于米饭口感的喜好，中国煲更懂中国饭，定价2999元的这个系列产品所提供的产品质量以及用户体验都不弱于海外品牌，同时性价比比国外品牌高得多。这对于消费者来说，是一个新的选择。而且，国内品牌自有的售后优势更是对消费者的购买倾向有很大的影响。其次，美的生活电器主打精品国货的宣传策略。从民族感情、文化情怀上唤起消费者对于美的的认同和喜爱。毕竟，对于国货的亲切感是任何海外品牌所不能比拟的。最后，这整个营销策略都和国内市场大环境的发展趋势相符。无论是政府还是企业，近年来都在追求建立强大的中国自主品牌，而不仅仅局限在制造加工等成本优势上。比如，淘宝于2015年7月正式上线的“中国质造频道”，专为中国优秀的自主品牌、高端产品提供服务和强势营销扶持。在这样的环境下，美的的国货策略显然是非常讨巧的，可以借助非常多的资源进行推广和传播。美的的鼎釜系列就多次参与过淘宝定制的国货活动，这对品牌的曝光度和传播度都有很大的帮助。

其实，中国市场的开放并不可怕。海外品牌进驻线上购物平台是最简单也是最初步的竞争策略。在未来，中国的发展必然离不开越来越多国际化品牌的实体落地。竞争是一个不可避免的趋势。国内品牌应当如美的一样，从现在开始就有应对海外品牌的准备，扎实地做好自己的产品，制定属于自身的企业品牌及产品形象。这并不是说每一个国内品牌都要打精品国货的宣传策略，美的的成功只是一个借鉴，找到自己的企业定位，确定独有的品牌形象。

走在潮流前端的“老”人

美的从1968年创立，1981年正式注册美的商标，已经走过了48年，对于任何一个消费者来说，都已经是一个有积淀的老品牌了。对于这些老品牌来说，日益发展的互联网经济成为他们努力想要但总是不得其法的东西。他们有过硬的产品，有完整的产业链，却常常困于一种传统的营销思想里。现在几乎每一个企业都在谈网络营销，每一个传统品牌都在试图转型。在大家都在摸索的态势下，美的早已走出了一条适合自己的路。

在面对互联网年轻化的消费群体时，美的生活电器不再仅仅局限于带有明显传统意味的产品上，它与时俱进地推出了代表年轻人的个性和生活习惯、适应年轻人消费水平的系列产品：mini食代等。这类产品品质高，颜值也高，关键还有情怀，真是直击年轻人的消费点。近日，mini食代系列产品邀请马薇薇录制了“马薇薇有话说”视频，在社交网络上掀起了广泛的热议。

“马薇薇有话说”视频截图

马薇薇何许人也？她成名于网络，是网络辩论脱口秀综艺《奇葩说》造就了她。她个性独立，言辞大胆犀利，活得认真潇洒，是现在年轻女性所憧憬的样子。用她来讨论青春，来讨论产品，无疑是最具有说服力的。因为无论你认不认同她的观点，你都喜欢她的生活态度。而态度，正是年轻人最需要从社会中获得认同的一部分，也是美的需要从年轻人中获得认同的一部分。而且，马薇薇所代表的年轻人对于智能厨房的期待很大，喜欢个性漂亮有颜值、设计贴心方便的产品，而这正是美的Mini食代“豆青色”系列的产品的优点。产品功能和受众需求完美契合，还选对了代言人，美的的这款mini食代怎能不受到年轻消费者的青睐呢？

美的生活电器不光在赢得年轻消费者认同上取得了不错的成绩，在传播渠道以及内容的选择上也同样紧跟潮流。2016年5月17日，在直播经济刚刚兴起之际，美的生活电器在斗鱼发起了小家电行业首次直播营销活动——疯狂煲典·百厨大会，现场直播100位美食爱好者如何用美的“初心”电饭煲制作100道不同的米饭料理。这场直播活动仅开播10分钟，在线观看人数就达到10万以上，并且在不到1个小时的直播过程中人数还在不断攀升，最终吸引了近20万观众前来观看。在整个直播过程中，弹幕的讨论与互动也异常激烈，一度占满了整个屏幕。这场活动最妙的便在于选择了斗鱼这个平台。斗鱼是一个弹幕直播分享平台，而直播正是近来互联网新起的宠儿。采用直播的手段进行营销活动，无论是对媒体还是对消费者自身来说，都已经是话题度爆表。何况，有杜蕾斯三小时直播活动的噱头在前，美的的直播营销活动在关注度上已经有了相当大的优势。而且，直播的手段让消费者可以直观地感受到美的“初心”电饭煲的产品功能，100个人的现场制作杜绝了后期加工的可能，这加强了消费者对美的生活电器的信任度。最关键的是，这整场活动，消费者的参与度之高是难得一见的。一般的营销活动，真正的参与者可能只有媒体，消费者接受的是经过二次加工后的信息，但“疯狂煲典·百厨大会”却直接把第一手资料给了消费者。而且，以往受众在观看广告时，往往仅仅是产生自己的感受，并不与旁人交流，但斗鱼直播平台的弹幕功能，将所有观看的观众都串联了起来。大家可以一起赞同，互相反驳，互相吐槽，而这样形成的群众意见往往比个人独自的感受要更具说服力。美的的产品经由100道各具特色的米饭料理成功地使得围观者的意见趋向正面，而偏向正面的群体意见也就自然形成了口碑营销，这对美的产品的传播无疑是大大地添了一把火。

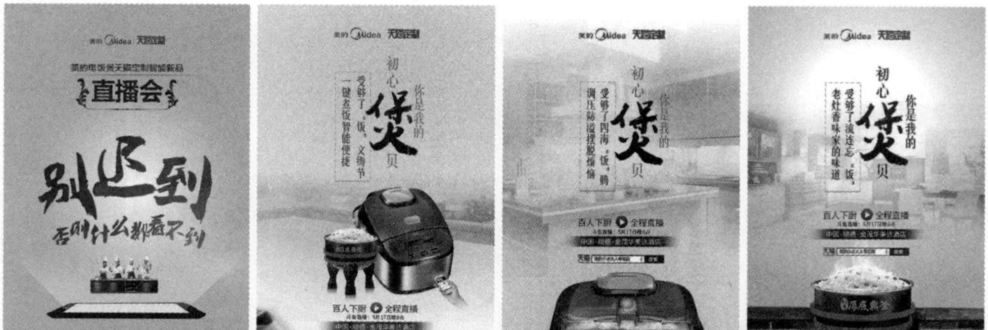

斗鱼平台“美的生活电器517百厨大会直播”活动宣传海报

美的虽然是一家有老资格的传统企业，但是在面对互联网经济的挑战时，却没有害怕和止步不前，也没有盲目转型。或许美的的转型在各家传统企业中不是转得最快、转得最好的，但走得勇敢，走得新鲜，已经成为美的鲜明的特色，而这正是在如今热点迭起的网络消费中长时间保持竞争力、爆发力的基础。

银泰：最懂电商的终端翘楚

银泰在国内的百货业中一直以创新、进取的姿态布局商业模式。2015年的金麦奖上，浙江银泰百货有限公司的“集货”项目获得了年度最佳创新项目；银泰“西选”创新项目则在跨境领域获得了年度最佳跨境案例。作为传统零售行业的银泰在今天零售业迅速变化的转型期拥抱互联网，在一次次创新中改变自己的策略，调整自己的商业模式，整合最优的商业伙伴，缔造着银泰的商业帝国。

银泰的嬗变之路

银泰商业集团是一家以百货零售、购物中心、电子商务为主营业务的多元化大型商业连锁集团，从传统百货业到大型购物中心，再到网上购物领域，银泰不断引领着新的时尚生活方式，正如银泰一直定位于中高端年轻人市场一样。但在当前互联网渐成为主流消费渠道的时代，加之天猫商城、京东商城等网络商城的冲击，银泰商业集团的市场地位及发展空间也变得越来越小。尤其近两年移动互联网的快速发展，越来越多的人选择了网络购物、手机购物。环境的风云变幻，使得银泰需调整旧有体制所产生的问题，不断夯实基础，调整盈利模型，在竞争越发激烈的当下闯出一条具备自身经营特色的嬗变之路。借力移动互联网的翅膀，越来越多的网上零售商选择开实体体验店，或携手实体店开展业务和提升服务；而更多的实体零售商也都纷纷拓展线上业务，或借助新技术提升顾客体验。线上线下各有优势，融合是必然趋势，为此银泰也在积极探索。

2013年3月，银泰百货宣布，将公司中文名称由“银泰百货（集团）有限公司”

变更为“银泰商业（集团）有限公司”。银泰名称的改变，旗下分为3个大的业务形态，正是银泰商业模式创新的开始。（1）银泰百货以“传递新的生活美学”为经营理念，积极推动中国城市时尚文化建设，视年轻人和新型家庭为主要客群，树立年轻活力、时尚品位的百货形象，引领流行趋势，是中国最大的百货企业之一。（2）银泰购物中心规划有银泰中心、银泰城、银泰MALL三大商业产品。在全国，银泰根据城市的级别、消费水平、区域的实力有针对性地开发不同类型的购物中心产品。目前，在全国在建和已建的银泰购物中心已达30家。（3）银泰网www.yintai.com是专注于精品时尚百货经营的大型B2C电子商务平台，主营商品覆盖服装、箱包、鞋帽、配饰、化妆品、珠宝、奢侈品等各大类的400多个品牌、10万多件单品。

2013年10月17日，银泰商业与天猫宣布达成战略合作，初步探索商业零售线上线下（O2O）融合发展。在2013年的“双十一”期间，银泰所有商场参加天猫“双十一”购物狂欢节，率先尝试线下商品、线上支付购买的消费模式，消费者在银泰试好衣服之后再上网到天猫购买，已成为正常且认可的行为，这无疑是消费者所乐见的。O2O的商业模式，可以在一定程度上缓解企业库存的压力，节省管理成本，并与物流、供应商形成同盟，一条龙地满足顾客需求。

2014年3月，阿里以53.7亿元港币战略投资银泰商业，交易完成后，阿里持有银泰商业9.9%的股份及总额约37.1亿元港币的可转换债券。双方约定未来3年内阿里可将可转换债券转换为银泰股份，从而使阿里最终在银泰商业的持股比例不低于25%。无论是“双十一”、支付宝手机“当面付”，还是35家实体店支持天猫，这一系列混搭，让银泰商业前行路径愈加清晰。事实上，继阿里2014年3月宣布对银泰商业进行战略投资以来，两者的业务正加速携手并进。

银泰集货现场图

勇者先行创意尝试

2015年无疑是电商领域有机会重新洗牌的一次机会，这一年里无论是电商巨头还是传统零售业、创业公司、物流服务商都纷纷以不同的形式涉足当下最火的跨境领域。对银泰来说，这也是见证银泰是否可以超越其他百货公司一举成为百货行业领头羊的机会。

为此，银泰开展了创新项目“集货”，首店在双十一亮相杭州武林总店。

作为全渠道买手品牌的“集货”，精选知名淘品牌里销量、好评度最高的近百个爆款，实现线下试衣、全年网络同价；

另有四分之一的货品则来自新锐设计师的原创商品，实现从设计师到门店的零中间环节；试衣、收银也都是智能化的体验……

就在“双十一”线上线下大战打得如火如荼之际，银泰“集货”正以惊艳的性价比和不惧实体考验的高品质打破线上线下的界限，让商品成为唯一竞争力。

在跨境方面，2015年3月，杭州获批成为全国唯一一个跨境电子商务综合试验区，作为杭州乃至全国首家跨境电商产业园，下城跨境园也迎来了腾飞的新契机。

为了全面实现消费者第一时间直购全球的愿望，下城跨境园与银泰集团强强联手，共同推进跨境O2O实体店在中心商区落地，“Choice西选”便是在此背景下诞生。

银泰商业倡导拥抱互联网，鼓励创新，意在成为消费者生活方式解决方案的提供商和服务商，并针对线上线下融合展开了多种积极的探索和尝试。在跨境购日益兴起的条件下，专注于融合跨境电商与实体平台的“Choice西选”，正是银泰众多创新项目中的一个。杭州第一家保税进口商品直营中心——“Choice西选”首次实现跨境海淘线下体验，以都市中产阶级、追求生活品质的新型家庭、年轻人为主力客群，为他们提供优良的海外商品、舒适的线下体验环境和便捷的线上交易平台，实现国内消费者第一时间直购全球的愿望。

西选主打海淘热门产品，近15000种商品中，生鲜产品、母婴用品、食品、保健品、美妆用品5大品类主打购买频次高的海淘热门商品，70%为完税进口商品，顾客可以在现场直接下单购买并提货；30%为海外跨境进口商品，货架上陈列的样品仅供看样试样，消费者可以在O2O互动体验区通过扫描二维码购买，在更海量的海外商品库里选择线上下单、保税直邮的方式直接将商品寄到家中。

在商品服务方面，西选支持线上购物、线下售后，实体店便利退换货；并推出“西选宅配”业务，通过与顺丰、风先生等专业配送平台的联姻，实现了在同城配送上的突破。Choice银泰西选首家门店于2015年6月26日在杭州武林总店C馆开业，营业面积1200平方米，试营业期间每日客流超过2万人次，日均销售额超百万元，一举创下全国同类商超客流量、销售额、单位坪效最高纪录，轰动杭州与业界。

携手“对手”谋定而速动

由于政策红利和庞大的市场需求，跨境电商体验店也渐渐兴起。就拿广州来说，2015年1月23日，第一家跨境电商体验店美悦优选在珠江新城开业以来，目前

银泰西选食品之超市活动图

银泰西选之白色恋人宣传海报

广州已有超过20家大大小小的跨境电商体验店。但与跨境电商体验店“遍地开花”形成反差的是，大部分体验店面临着人气不足、品类单一和跨境商品比例偏低等窘境。虽然被设定为跨境电商的线下展示平台，但多数体验店的跨境商品比例偏低，店内商品品类也较为单一，多为母婴用品、日化、保健品、零食等。“千店一面”的同质化问题也渐渐凸显，所以如何保证商品的丰富多样性就是零售店需要解决的问题。银泰在这方面会用创新产品的组合来丰富线下的体验，比如，有首家生鲜现场烹饪体验、文艺范的水果区和主题趴的试吃活动等，银泰西选倡导以精品超市的品质、创意市集的气质和实体海淘的广阔来树立自己的经营特色。

当大多数零售企业还不清楚大数据对于零售行业的作用之时，银泰就在大数据的应用上先行了一步。银泰下一步要做的就是大数据，即基于数据完成数据沉淀的工作，这需要非常庞大和多套的系统。为了推进O2O这重要的一环，在阿里与银泰商业的战略合作中，银泰商业正在推进与阿里合资成立一家平台公司，银泰网资源将注入其中。双方将全面打通会员体系、支付体系，同时双方构建一套打通线上线下商业的基础体系，实现线上线下的商品交易、会员营销及会员服务的无缝畅通。

未来的银泰商业，会成为以大数据为驱动的消费解决方案提供商，用互联网思维将自己改成泛渠道或成为其他泛渠道的一部分。

零售业的优势就在于可以通过顾客的购买情况得到相应的数据，银泰与阿里的合作正是让银泰如虎添翼一般。银泰与阿里的数据一旦打通，线上线下就一目了然，阿里强大的数据分析能力以及各种数据分析模型，再结合银泰自身的IT系统，能为银泰在数据的挖掘上提供最科学、最精确的分析结果，并能最接近真实地预测不同类型受众的购物走向，使得银泰线下的商品品类更贴近消费者需求。将来的用户可能在店里，可能在手机、在电子屏幕、在电脑前……因此，基于用户需求来改变是明智的，要站在用户的层面去考虑用户会怎么想，要什么，如何来满足用户所需。经历过十多年好年景的百货行业，只管坐等顾客上门，不花时间分析顾客心理需求和流行趋势，只关心KPI（关键绩效指标），只会让顾客转身而去。所以，重视数据，跳出固有积习和陈旧的思维方式，才能不断重塑自我，才会使行业有更持久的活力。

银泰在商业上的O2O融合布局遥遥领先国内诸多同行，对于银泰而言，最好的防御就是进攻，就是去改变，谋定而速动，将商品数字化、环境数字化和人数字化。承认劣势，与“对手”合作，才会与“对手”共赢！

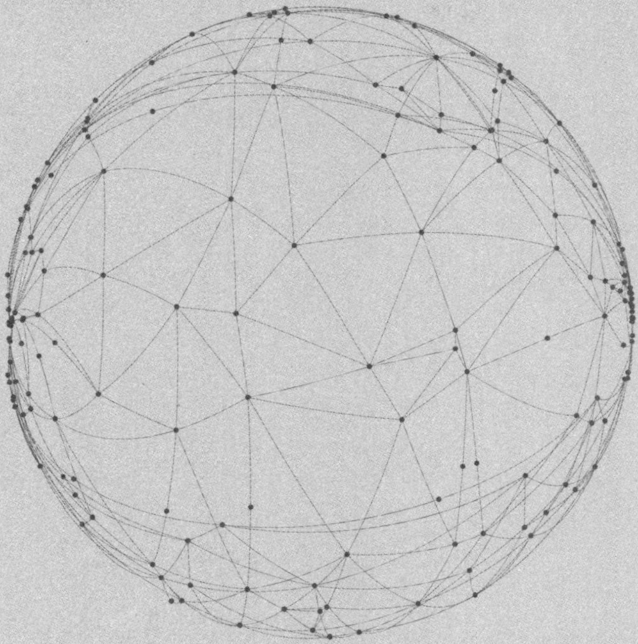

PART THREE

/ 下篇 /

电商营销方法论

交互设计：从受众到受众的还原

互联网的本质之一就是互动——全民参与、对接，互通共享。电子商务的基础其实也是互动，是买方与卖方的互动。在传统的市场上，“商家”和“消费者”所掌握的信息极其不对称，商家利用消费者信息与知识的匮乏，对消费者进行商业概念的输出，利用各种营销手段，获得消费者的信任与购买。从某种意义上说，传统的买方和卖方存在的互动非常少，一则是因为客观物质条件的不允许，二则是因为卖方没有足够的利益驱动去和买方互动——信息的不平等和不透明恰是卖方获利的根本原因。然而在互联网时代，尤其是移动互联网时代，随着技术的成熟和发展，人们所掌握的信息与知识越来越多，参与电子商务活动的双方，在地位上更加平等，信息与知识接近对称和透明。买方不仅获得了地位上的反转，伴随着信息量的剧增，也获得了更多自主选择与平等对话的权利。于是交互的平台开始成为主流，卖方开始明白，只有将自身的姿态放低，贯彻互联网“以用户为中心”的根本理念，方能在互联网的潮流中赢得更多的消费者，从而赢得整个市场。

交互并非互联网时代的特产，所有的双向传播都可以看作是交互的一种类型，互联网不过是为交互提供了一种介质。但不可否认的是，交互为互联网的发展提供了新的动力。电子商务在中国市场的多年发展，不仅完成了培养消费者网络购物习惯的任务，更在无形中增强了消费者的权利意识。消费者在网购的过程中发现，自己所发出的声音不仅对自己有用，更对商家有切实的影响。一句好评，一个赞美，会成为优质商品或服务的最佳背书；而一个差评，真的会让商家坐立不安，千方百计地进行各种道歉和赔偿。在过去，当买卖双方完成钱货交易后，双方的关系便终止了，卖方甚至不愿意去维持双方的买卖关系。但是在今天，销售的完成周期更长了，在交易结束后，商家依然需要采用各种方式和消费者进行沟通和联系——真正的买卖双方的关系才刚刚开始，真正的交互和传播才刚刚起步。消费者的购物体验不仅包括实际的产品使用感受，更包含了售前、售后、支付、物流等多方位、多维度的体验。这样的转变，不仅对商家提出了更高的要求，同时也在一定程度上实现了整个市场的优胜劣汰——只有将用户体验做到极致、随时与用户保持良好沟通的品牌，才能长久地拥有消费者的心。

今天的消费者是电子商务化了的一代人，他们有能力拥有几乎所有与产品、服务相关的信息，他们的喜好呈现出周期化的趋势，他们的审美与观念正在互联网化的道路上一路狂奔，他们是全新的互联网的一代人，他们是电子商务市场上全新的市场主体。消费者的变化意味着市场的变化和营销手段的变化，商家需要顺从消费者的互联网化去改善自己的传播方式和营销思路。

根据数据统计，中国目前的“汽车后”市场规模超过8000亿，其中汽车养护行业规模超过5400亿；而汽车的上门养护行业处于低渗透率的用户初期培育阶段，目前行业整体处于低渗透率（4.5%）水平，预估整体市场能达到20%的水平。传统的汽车养护市场基本是在线下完成的，消费者习惯于去4S店或者其他线下汽车养护店进行“汽车后”消费。随着移动互联网的发展，是不是存在一种新的消费模式，可以在沟通消费者与汽车养护行业的基础上，对传统的“汽车后”消费市场进行创新与颠覆？

车百用APP向市场传递的品牌信息是：您身边的汽车专家。从这句slogan（标语）中，我们可以感受到车百用的优势和理念是方便（身边）、专业（汽车专家）。具体来说，车百用用一个移动的车间，既完善了传统4S店的一系列功能与服务，又增加了移动互联网时代的特色服务。在线预约、系统派单、上门服务，移动车间的三大功能体现了车百用的时代特征，也体现了未来线上消费的趋势。

车百用能够实现车辆问题及时在线咨询，同时配备专家团队答疑解惑。互联网时代的消费者早已习惯了利用移动互联网来解决身边的各种问题，一遇到问题就掏出手机、平板电脑进行搜索。而且随着各类移动端APP的层出不穷，消费者的需求和使用习惯也越来越细化。以前不管遇到什么情况都习惯百度、Google的用户们，现在开始学会了细分——看视频就打开视频APP，点外卖就用外卖APP，想看新闻就用新闻客户端，等等。而车辆维修和养护作为一个垂直细分市场，其市场潜力自然不在话下，问题在于如何激活这个巨大的市场，从中获取用户，以及保持长期的用户黏性。

在服务提供上，车百用的方式在于建立一个“社会化的移动车间平台”，除了采取标准化服务流程体系，保证标准化服务技能的稳定性输出，车百用借助这个平台，围绕移动车间提供专业的汽车基础服务设施。在体制上，车百用则采取合伙人制，人车合一，打造以技师合伙人制为核心的社会化移动车间平台。

车百用项目的上线代表了现在最主流的一种移动APP模式——在一个细分市场里，建立一个有价值的交互平台，与用户实时沟通，以友好的交互设计来为用户提供最便捷、实用的信息与服务。评价一个创业项目好坏的标准有很多，但是最根本的还是两点：入口人数持续增长的能力和之后黏性与变现的能力。“汽车后”市场规模庞大，潜力无穷，因此车百用的实用优势可以帮助它获得持续增长的用户数量。一站式的汽车专家服务，友好的交互设计页面，以及真正有价值的服务内容，都是车百用后续保持用户忠诚度和活跃度的法宝。

如果说车百用代表的是移动互联网时代服务型APP的典型形态与模式，那么“加意新品”可以说代表了一个全新的商品售卖平台模式。工业时代产品的营销和售卖需要经过设计研发、市场品牌、经销商渠道、代理公司、媒体发布、实体商店、消费者购买等多个途径。淘宝、微商等购物平台的崛起，代表了新时期C2C模式的创新——直接从经销商渠道到达消费者；天猫、京东等平台则代表了B2C模式的典范——直接从市场品牌到达消费者。加意新品则代表了更新的一种消费模式——D2C（Designer to Consumer）——将产品的消费过程简化为设计研发直接到达消费者。

在信息化时代，商品的互联网化并不是简单地将线下的产品放到网络平台上进行销售，而是从设计、研发、生产的时候，就开始与最终的使用者进行交互。在物质相对丰裕、可支配收入相对较高的时期，消费者的需求不仅趋向个性化，而且周期非常短，喜好变化较大，这就更加需要一个能够及时、便捷地将需求转化为实际产品的平台，来满足消费者的欲望。

从消费者的角度来说，在商品同质化严重、大多数产品供大于求的今天，符号认同感变得异常重要。消费者在选择产品的时候，会更加倾向于选择符合自身价值取向、与自己的符号认同相匹配的产品。从标准化的产品购买，转向个性化设计产品的消费，并且享受参与产品创造的乐趣。消费者的角色从单向的购买者，转变为产品创造和生产的参与者。而对于设计师来说，则从单向的产品生产者的角色，转变为一个社交的角色，在创造与销售产品的同时，分享设计与创新的乐趣。而“加意新品”则为消费者和设计师提供了一个交互、沟通的平台，为去中心化的社交型传播提供了一个媒介载体。加意新品的核心其实就是交互：卖方与买方的交互、生产者与使用者的交互、需求与解决方案之间的交互。帮助有个性化需求的消费者找到对应的互联网化的产品，同时帮助产品的生产者找到最真实的消费者，最大限度地减少和避免浪费。

交互本质上是传播的一种类型，人类生来就会与外界进行交互，因此严格意义上来说，它并不是互联网时代的特有产品。我们可以将交互看作是互联网深化过程中人类一种基础行为的专业化、可视化、物质化。互联网时期的交互已经从一种本能行为，深化为了一种生活方式。

移动互联网时代，人人拥有至少一部能够连网的移动设备，作为一个消费主体，我们被消费的方式改变了，作为一种存在方式，我们被网络所改变了。今天，我们变成了一个个微群，而品牌对市场的掌控，也演变为了对微群的把控。于是从深度垂直的角度来打造品牌化的产品与服务成为今天的主流模式。平台化的垂直社区不仅能够精准、快速地到达消费群体，更在很大程度上减少了多次接触的成本。很多人认同互联网对今天的消费者的价值观形成起到了很大的作用，甚至对人格的养成起到了关键作用。但其实从本质上来说，这种赋予能力的实际实施者，是网络化了的品牌，是品牌在交互和网络化的过程中，成为了现代人的“塑形师”。

全民移动：移动端发力，渐成主流入口

2016年4月，天猫与苏宁易购共同打造的猫宁“4.18”购物节首日战报显示，移动端购物的占比达到65%。

2016年“6.18”促销日，京东全天下单量同比增长超过60%，其中移动端下单量占比达到85%，是2015年同期的2.2倍。苏宁“6.18”当日移动端销售同比增加410%。

阿里巴巴公布的最新财报显示，其2016年移动端营收占比达71%，而2015年这一数字仅为40%，年增幅高达31个百分点。

2016年6月，中国互联网络信息中心（CNNIC）发布的《2015年中国网络购物市场研究报告》显示，截至2015年12月，中国网民规模达6.88亿，互联网普及率为50.3%，较2014年年底提升了2.4个百分点。我国手机网民规模已达到6.2亿，网民通过Wi-Fi接入互联网的比例为91.8%。中国手机网购用户规模达3.4亿户，同比增长43.9%，手机网购的使用比例由42.4%提升至54.8%。

英国作家保罗·斯盖尔敦在其著作《移动就是一切》中说，移动电子商务事实上远远超出了商务的范畴，它是人类未来生产与生活的方式。

国内学者吕廷杰在其著作《移动的力量》中提出，移动互联网正在重新定义劳动者、劳动资料与劳动对象，并催生出了一种全新的生产力。吕廷杰将其定义为“移动生产力”。

移动互联网的时代终于还是到来了。不论是市场数据的支持还是学术界专业人士的观点，都高举着“全民移动”的标志。其实，根本不需要什么数据支持，也不需要专家证言，看看我们自己，再看看身边的人，目之所及，我们可以不带电脑，

却无法不带手机，我们的手机可以不能打电话，但是我们的手机不能断网！移动互联网改变了我们获取信息的方式，进而改变了我们的生活方式与工作方式，同时，移动互联网在本质上改变了所有产业运作的基础，进而对新时期的线上品牌传播和销售提出了新的挑战。

过去，电子商务的流量入口集中在PC端，PC端的优势在于屏幕大，信息的展示更加全面，但是劣势也很明显，设备的不易携带性限制了其使用的时间，对用户的时间占据也较大。移动端的设备被人形容为现代人身上的一个新器官，因为它可以被随身携带、不离开用户，用户可以根据不同的场景、不同的需求随时使用。

移动电商大致可以分为3个类型：移动垂直电商、移动社区电商和移动整合微信电商。

移动垂直电商的关键词是垂直，是指在某一个行业或者细分市场深化运营的移动电子商务。与多元型的移动电商不同，垂直电商的业务是针对某一个特定细分市场的。移动垂直电商以平台型电商为主，在一个APP内提供符合特定人群的消费产品。同时采用“平台自身内容＋UGC”的模式，一方面由KOL生产内容，引导和吸引用户，一方面鼓励用户自己分享优质内容。移动垂直电商的优势是专业、集中，差异化的定位能够更加精准地获取用户。未来，移动垂直电商需要积累用户对平台的信任和社会化分享的习惯，形成独特的品牌价值和品牌附加值。

“互联网＋社区”模式下的移动社区电商正在成为移动电商版图中越来越重要的一块，社群化成为移动电商发展的重要推动力。在移动互联网上，围绕兴趣爱好组成的小社群的购买力成为移动社区电商的主要价值来源。社群的活跃度和内容质量是电商获取流量的基础。在社群里做电商的优势在于用户群体与品牌需求度的高度匹配，品牌能够精准定位人群，同时与之产生交互和沟通。一般移动社区电商以品牌代理和交易佣金为主要盈利模式，平台化趋势较为主流。

虽然作为中国最大的移动社交入口，微信的电商模式一直颇具争议，但是不得不承认，微信电商已经成为移动电商中不可忽视的一个大类。尽管电商与社交的先来后到之争，电商与社交的并存、互斥问题一直是争议的焦点，但是微信在商业引流方面的推荐和分享价值确实足够大，大到可以影响移动电商的发展趋势和潮流。微信的封闭性既造就了其信任价值，也增加了其鱼龙混杂的可能性。微商的本质是基于圈群的信任交易，圈群的特殊性决定了交易的定制化，但是目前微商的形态还不够成熟，机遇与挑战并存。

移动电商既是这个“全民移动”时代的缔造者，也是受益者。移动设备的爆发式增长和4G网络的成熟，成就了移动电商的成长，也改变了消费者的使用和购物习惯，进而促成了流量入口的转变，因此也在某种意义上促成了移动电商的爆发。今天的品牌做线上传播，无论如何都不会忽视移动端的作用。社群化、场景化和碎片化，成为移动互联网时期移动电商的三大关键词。

随着生活水平的提高和旅游热潮的兴起，户外爱好者们逐渐成为运动品牌消费的重要人群。这类人群一般拥有较高的收入水平和独特的品牌偏好，能够对品牌产生较强的忠诚度。户外品牌骆驼就抓住了这个群体的特征，在双十一前推出了“聚往世界尽头的狂欢”活动，在线招募粉丝前往世界尽头——冰岛极地探险。借助佟大为、范冰冰、韩寒三大明星代言人的人气与骆驼自身强大的品牌底蕴，推出了一款大型互动游戏“骆驼有范·驼佟寒争锋”，该游戏可以多屏互动，既能够吸引大量的消费者参与互动，又能够召集粉丝在线报名争取参加冰岛极地探险的线下活动的机会。游戏界面设计精美，品牌调性突出，互动性强且精准锁定目标消费人群，PC版与移动端无线版游戏同时上线，作为外网流量转为淘内有效流量的载体，极大地提升了流量利用的价值。

骆驼的成功在于将目标消费者的潜在兴趣具象化，针对性地利用目标人群的喜好，将自己的产品和品牌植入进娱乐化的游戏和线下活动中去。移动端的游戏、互动设计和社会化营销是今天品牌传播不可或缺的一个部分，如何利用好移动端的传播优势，如何精准直达移动端聚集起来的小众人群，则需要品牌针对自身的调性和实际情况，进行更多的思考。

九阳豆浆机在2015年双十一大促前进行的广告活动“五分钟超快早餐之约”，将年轻的妈妈群体作为一个垂直型的核心目标客户。这个群体虽然不算是一个非常庞大的群体，但却是九阳最大的潜在用户群体，也是最容易用产品诉求去打动的群体。九阳的创意并不复杂，将“早餐”与“九阳预约系列产品”画上等号，呼吁一家人共享早餐的美好时光。在传播渠道的选择上，九阳将大量的流量放在了移动端上。微信公众号、朋友圈、微博等移动社交媒体帮助九阳增强了传播的声量和品牌的影响力，而在垂直型社区中与年轻妈妈群体和美食达人们的深度互动，则帮助九阳迅速找到自己的核心目标人群。九阳首次跨界与厨师上门服务APP“爱大厨”合作，线上线下联动。九阳在北、上、广、深、杭五个城市，派出1111名大厨免费为消费者提供美食服务，而消费者在体验后拍照上传至社交媒体，产生二次传播，提升整个活动和品牌的影响力。

九阳正是抓住了移动互联网时代，人们在网络化环境下，呈现出社群化集中的趋势，利用早餐这个能够将生活场景和消费场景连接起来的特定场景，将自己的产品诉求和品牌文化传递给消费者。

现在人们每天接收的信息越来越多，也越来越容易过滤掉大量的品牌传播信息，因此，在今天的信息环境下，想要举行一个成功的、吸引人眼球的活动，变得越来越困难。人们利用碎片化的时间来接收和消化大量来自不同信息源的信息，此时，信息的爆点和信息的传播手段变得异常重要。

施华蔻在2015年双十一前夕，携手全球美发界红人Mark Bustos在中国举行了一场名为"'发'现另一个自己"的活动。Mark是一位菲裔造型师，在纽约的高级美发沙龙工作，他因免费帮助流浪汉们理发，使他们获得新的快乐与生命力而在社交网络上一举成名，成为一个名副其实的"网红"，获得了全球的瞩目。施华蔻作为象征高端品质的全球专业美发品牌，希望能够借助这位以公益善举掀起全球网络热议的时尚造型师，帮助中国的消费者获得除了外在的变化外，更多心灵上的升华和自信心的提升——"发"现另一个自己。除了借助"网红"的人气和影响力，施华蔻也通过微博、微信、Instagram以及移动端的互动活动来吸引消费者的注意力。Mark的线下行动是活动的主体，但是前期与后期的传播和影响力的扩散，却是借助了大量的社交媒体和移动端互动活动。在微信上，施华蔻借助大量专业、热门的公众号，推送活动的相关软文和信息；在微博上，借助相关热门KOL和品牌微博账号，传递活动信息，提升品牌的知名度。

施华蔻找到了一个很有吸引力的点，即"网红"Mark，同时也找到了将爆点传递给消费者的关键手段，即移动社交媒体配合常规的线下活动。总体来说，还是需要理论结合实际，将品牌的价值、利益点与实际的传播手段结合起来，根据不同的品牌需求和传播环境，将移动端的优势发挥到极致。

跨境平台：勇者的博弈

2014年被称为跨境电商元年，2015年更是行业井喷式发展的一年。这一年里，无论是电商巨头还是传统零售业、创业公司、物流服务商都纷纷以不同的形式涉足跨境领域。然而，在这一场群雄逐鹿中，原来被视为业内学习对象的蜜淘却已败下阵来并悄然离场。2014年是蜜淘最风光的一年，一年内这家公司经历更名、天使轮、A轮、B轮等多个大事件，从灰色海淘成功转型保税区备货模式，那时的蜜淘还是跨境电商的佼佼者，而现在，蜜淘正在成为第一家"死去的"跨境电商，但绝对不是最后一家。在跨境电商行业，面对随时变更的政策、日益收紧的税收以及不断涌入的行业巨头，行业的竞争正愈演愈烈，可见做跨境电商显然就是一场勇者之间的博弈。

根据海关总署和中国电商研究中心统计的数据，2014年海淘的用户数达到1800万，成交规模1400亿。预计2018年，市场规模将达到万亿级别。2015年的跨境电商规模也呈现出了爆发式增长，中国电子商务研究中心9月发布的报告显示，2015年上半年跨境电商交易规模达2万亿，同比增长42.8%。由于政策的有力支撑，加上跨境电商具有海量商品信息库，拥有了面向全球市场的巨大潜力，跨境电商已经成为我国对外贸易的发展趋势。再从消费者层面来看，随着买方——中产阶级群的崛起，80后、90后成为市场消费主体，海淘人群构成一部分是80、90后的妈妈大军——以母婴领域作为起点培养了海购的消费习惯；另一部分是海归和有海外旅行购物经验的人，除了有自用需求外还辐射到周边的亲友逐步接受国外质优价廉的商品品牌。所以，越来越多的消费者喜欢采购海外商品。若在物流、支付各方面都比较有经验和能力的电商平台加入进来，则可让消费者享受更多海外购物的便利以及资金保障。另外，开拓海外市场以及引进外国品牌进驻都会对中国经济起到一定的积极作用，实现多方共赢。

跨境电商群像

天猫国际于2014年2月上线；京东全球购于2015年4月上线，京东早期试点跨境电商的海外购将全面升级切换到全球购平台。短短一年内，两大电商巨头在跨境电商方面的布局已经全面铺开，抢占跨境电商风口红利期。“全球市场”已成为第三方平台卖家的下一个风口。在风口争夺战中，互联网“大腕”纷纷有所动作。阿里巴巴、苏宁、1号店等电商平台均展开与跨境购物相关的业务，聚美优品更是押宝“急速免税店”，拿出10亿元进军海外购物市场。甚至包括门户网站网易也加入了海淘大军，悄悄上线公测了“考拉海购”。而在“考拉海购”宣布公测的第二天，顺丰也强势进入跨境电商领域，宣布旗下进口电商网站“顺丰海淘”正式上线。老牌跨境电商亚马逊则推出“直邮中国”模式，并在中国市场引入“黑色星期五”狂欢节，举办首届“亚马逊海外购物节”，进一步将跨境电商推向高潮。但从2015年“双十一”来看，阿里的天猫国际表现更胜一筹，共有4万多商家、3万多品牌和600万种优质货品参与。“双十一”开始1分45秒，天猫国际跨境贸易成交额超过2014年“双十一”全天。全球经济贸易一体化是大势所趋，消费者也在全世界寻找高品质产品。由于跨境电商行业的特殊性，流量、资金、供应链、海外商务拓展能力等都是跨境电商早期发展的必备要素，所以不同团队都会有不同的跨境电商模式，详见下一览表。

公司列表	上线时间	模式	优势	主要 SKU（商品属性）	融资历史
巨头					
天猫国际	2014年2月	5400个品牌。商家入驻天猫国际网站时，需要支付5000到10000美元的年费，2.5万美元押金。一般来说，商家需要向阿里巴巴支付3%到6%的佣金	流量大，拥有直接与海外政府合作招商的便利，和世界邮政体系战略合作	各大品牌标品；目前最受国内消费者追捧的品类包括食品、化妆品、母婴类、生活日用品、小家电等	——
淘宝全球购	2007年	C2C中小卖家，多为海外商品代购商，要求店铺内海外商品占比100%	淘宝中小卖家，鱼龙混杂，产业链复杂	标品爆品为主	——
京东全球购	2015年4月	自营直采+部分直邮；首批上线商品超过15万种，品牌数量超过1200个，商铺超过450家。京东全球购与海外商家的合作包括自营模式和平台模式两种。自营模式是指京东自主采购，由保税区内服务企业提供支持服务；平台模式是指通过跨境电商模式，海外品牌商家直接签约入驻	流量大，擅长国际物流仓储管理、海外BD（商务拓展），供应链优势	标品爆品为主；各大品牌，涵盖母婴用品、食品保健、个护化妆、服装鞋靴、礼品箱包等多个品类的数十万商品	——
一号店——一号海购	2014年9月	（入驻上海自贸区，东方电子支付及跨境通）平台+自营；保税进口模式或海外直邮模式	弱化海淘概念，从进口食品、生活用品品类现货模式切入，将海淘货品常态化	母婴类、箱包、食品、酒水、保健、母婴、美护	——
唯品会全球特卖	2014年9月	全球特卖，特卖保税+直邮，全程采用海关管理模式中级别最高的“三单对接”标准	流量等大佬优势	品类少而杂	——

续表

公司列表	上线时间	模式	优势	主要 SKU（商品属性）	融资历史
亚马逊直邮	2014年8月	保税区 + 海外直邮；海外购 + 国际精品店 + 进口直采店	海外仓储体系完善，SKU 丰富，会吸引一大批资深海淘用户	全品类	——
聚美海外购——聚美优品	2104年9月	急速免税店保税闪购 + 直邮；海外购成为聚美转型增长动力，目前聚美渠道转为品牌合作、专柜购买和聚美海外购	流量优势；品类优势（日韩品牌直供，货源充足，单价低无税）；2014年5月已经在北京开海外购O2O线下体验店	化妆品（日韩，单价低不用税）+ 奢侈品 + 母婴用品	——
网易——考拉海购	2015年1月	自营直采 + 部分直邮；采取“自营”模式，由专门的采购团队从海外原产地优质批发商那里“批量直采”，同时采用大批量备货到国内保税区的做法	战略上十分重视，重金投入	母婴类、个护，美妆，美食，保健	——
顺丰海淘	2015年1月	主打母婴用品 + 个护，保税 + 直邮，正在酝酿新模式	强物流体系支持	母婴用品，个护,美妆，保健	——
跨境进口电商——前端创业公司					
洋码头	2011年6月	自建贝海国际物流，C2C 买手扫货神奇（mobile），B2C 洋码头海外购平台，海外零售商直接进行国际配送	起步早，北美市场渗透深入，买手专业，自有物流	母婴类 + 保健 + 个护 + 快消等	2010年天使湾天使，2013年12月赛富A轮，赛领国际基金B轮
蜜芽宝贝	2014年2月	特卖 + 自营保税，72小时内限量出售	起步早，发展好，资本支持，流量大	母婴用品	A轮真格、险峰华兴，B轮红杉真格，C轮H.Capital领投
贝贝网	2014年4月	母婴特卖保税 + 直邮BBC，通过自营加联营的模式，与品牌商家、工厂直接合作	资本支持，供应渠道丰富	母婴	高榕、IDG B轮；新天域、今日资本C轮

续表

公司列表	上线时间	模式	优势	主要 SKU（商品属性）	融资历史
辣妈帮	2012年	社区＋母婴类保税特卖＋直邮，同时提供孕期指导及社交功能	社区转电商，用户黏性好	母婴用品	险峰、戴志康天使；经纬、险峰、晨兴A轮；景林及老股东B轮；唯品会领投C轮
蜜淘	2014年3月	生活用品，两个模式（自营保税＋直邮）；全品类长尾需求的海淘代购＋热卖品类的海外品牌限时特卖	电商基因团队，擅长选品运营，资本阵容强大	母婴爆品＋生活用品＋个护	蔡文胜、汪东风天使；经纬A轮；祥峰、晨兴、景林、经纬B轮
淘世界	2014年7月	C2C买手制平台，时尚基因，美女CEO	美女CEO时尚博主出身，海外经验丰富，时尚嗅觉好，产品贴合女性需求，擅长海外买手、BD运营	全品类	源码资本A轮，B轮正在进行
海蜜	2014年7月	C2C买手制平台，强营销；在采购端，主要对接个人买手和贸易商；在交易端，以闪购模式进行；一小部分商品来自境内贸易商	擅长渠道谈判，CPS营销基因强，同样的资金投入转化率高	长尾非标品	元宝铺、贝贝网A轮
小红书	2013年8月	社交分享＋电商，自营直采，达人信息分享	天然海外品牌培育基地，用户黏性高，消费能力强，人群精准，有调性、有文化	食品+个护+保健等	真格、金沙江天使，GGV领投A轮，腾讯B轮
街蜜	2014年8月	C2C买手制平台，强运营，海外正品代购、及时分享、社交沟通	阿里团队，电商基因，擅长平台物流运营	长尾非标品	IDG A轮
Ofashion	2014年1月	时尚资讯媒体转型全球比价搜索工具，2014年转型C2C买手制平台	时尚媒体基因强，调性高	时尚奢侈品	清流天使

续表

公司列表	上线时间	模式	优势	主要 SKU（商品属性）	融资历史
金箍棒海淘	2014年	对接国外主流电商，商品由国外电商发货，金箍棒负责转运，使消费者免去浏览英文网站、接受复杂支付流程的困扰，后续转运、报关流程均由金箍棒完成	模式轻巧 + 信息流简化	全品类	创新工场天使
55海淘	2011年	导购+限时特卖+返利，对接国外网站的代购特卖化	模式轻巧 + 信息流简化	标品爆品	——
西集网	2015年3月	美国 + 日本自营商城的限时抢购	独立搭建采购、物流、运营一体化平台	标品爆品	千万美元天使
皇家空港	2014年8月	自营保税 B2C，量版销售 + 限时采购	资质优良，良心企业，阿里团队，美女创始人 2 枚	母婴用品	A 轮阶段
爱美购/么么嗖	2014年8月	覆盖海外主要电商，主打折扣轻奢商品，建立全自动数据同步	SKU 众多，搜索便捷，折扣品，团队背景好，技术能力很强	时尚轻奢	同创伟业 A 轮
什么值得买	2010年6月	网购商品推荐网站，集媒体、导购、社区、工具属性于一体的消费决策平台	网友爆料最新折扣，同时能够晒单；设有海淘信息披露专区	全品类折扣信息推荐	——
海豚村	2013年	自营 + 中文代运营，多个国家的电商通过独家商业授权代理的形式入驻海豚村	华为团队，海外 BD 能力强，擅运营	母婴用品 + 保健 + 个护 + 快消等	USC 天使，君联 A 轮
淘海科技 Hai360/	2013年	海外电商代购，技术导向，面向支持的国外电商推出一键购	SKU 多，技术强，适合搜索	长尾非标服饰箱包	同创伟业天使
海猫季	2015年3月	海外电商代购，技术导向	SKU 多 + 时尚轻奢 + 搜索便捷	长尾非标服饰箱包	真格、青松天使

续表

公司列表	上线时间	模式	优势	主要 SKU（商品属性）	融资历史
海豹村	2014 年	海外移动保健品特卖	国内需求旺盛	保健	王刚天使
Styler 风格家	2014 年	主打白领女性跨境时尚家居购物	家居垂直	时尚类+家居类	英诺天使
跨境进口电商——后端物流供应链公司					
笨鸟海淘	2014 年 5 月	跨境物流供应链服务商，自主开发物流业务管理系统	速度快，准确率高，资本支持，精细化管理；跨境物流新星	全品类	A 轮贝塔斯曼，险峰华兴、华兴资本
Wishpay	1995 年	现切入跨境电商，BBC+B2C 提供服务	业内口碑好，强大的清关能力，仓储物流体系和跨境资质，广泛客户源	全品类	无
JX–EXP	2014 年 9 月 1 日	海外进口转运，国内出口集运及电子商务仓储管理深加工配送	结合互联网新型管理理念	全品类	新进创投天使
海豚供应链	2012 年	BBC 等，解决中小海淘企业的产品采购的代理发货	众多品牌授权	母婴用品+保健	B 轮阶段
采伴网	2015 年 5 月	跨境电商 B2B 信息平台	平台模式未来想象空间大；团队上游海外 BD 能力强	母婴用品、保健、快消	IDG 天使
原海淘无忧海欢网／	2014 年 2 月	原海淘无忧，现 BBC 等模式做供应链，搭建供应链平台、服务海淘小商户的 B2B 模式	上游供货商谈判能力强	母婴用品、保健、生活快消	创新工场 A

商业模式探索之电商大佬

京东全球购和天猫国际的跨境电商都是走平台模式，不同的是前者是海外直采+开放平台，后者是纯平台模式。从供应链模式上看，天猫国际主要是保税备货模式，京东全球购则采用保税集货、保税备货、海外直邮3种模式。天猫国际模式管理上更简单，供应链压力集中在入驻商家那里；京东全球购模式则需要很精确的管理，供应链压力由京东、商家共同承担。天猫国际继续纯平台模式，采取高技术服务费的策略，京东采用海外直采直营＋开放平台模式，技术服务费较低。从平台运作模式上看，天猫国际是确保自己平台不会亏，京东全球购则是确保商家不会亏，两家平台的经营理念差异还是比较大。海外直采模式或许是京东的撒手锏，京东依托自营独立B2C起家，自营让京东在供应链管理等方面积累了核心竞争力，海外直采是京东在跨境电商领域复制自己B2C自营传奇故事，也会成为京东全球购的体验竞争力。天猫国际秉承阿里轻模式的理念，基本上不可能也很难做到海外直采，所以，京东全球购在抢规模的同时，一定会放大体验优势。

那一年，eBay黯然离去，当跨境电商机遇来到的时候，eBay联合京东借助京东平台回来了，而时间也恰好是10年。中国电商格局相对清晰，eBay通过跨境电商模式并借助京东平台这样的方式无疑是给了eBay优质商家一个进入中国广大市场的机会，eBay也是曲线回到了中国市场。京东可以借助eBay的海外商家资源，快速建立全球购的商家规模，让海外招商的路径更短平快。可见，eBay作为一个X因素出现，让京东全球购和天猫国际之间的竞争变得激烈，阿里的优势是中国商家入驻规模，eBay优势是美国商家入驻规模，京东优势则是自营和供应链体系。如果京东利用好eBay的桥梁作用，自己的全球购业务成长速度会喜人，也会很有竞争力。京东、阿里两家公司的商业理念差异一直比较大，气质上也有很大差异，玩法上自然会有很多不同。从天猫早年为了狙击京东而粗放式管理经营的风格来看，天猫国际很有可能为了抢夺市场占有率而相对粗放管理来换取高速增长，而京东由于一直坚持重体验模式会保持相对稳定的增速。

商业模式探索之跨境电商体验店

作为跨境电商的线下展示平台，体验店开始成为传统百货转型和新商业模式发展的方向。以广州市为例，自2015年1月23日，第一家跨境电商体验店美悦优选在珠江新城开业以来，目前广州已有超过20家大大小小的跨境电商体验店。

政策红利和庞大的市场需求是跨境电商体验店兴起的主要原因。但与跨境电商体验店“遍地开花”形成反差的是，大部分体验店面临着人气不足、品类单一和跨境商品比例偏低等窘境，虽然被设定为跨境电商的线下展示平台，但多数体验店的跨境商品比例偏低，体验店内商品品类也较为单一，多为母婴用品、日化、保健品、零食等。

银泰 Choice 西选宣传海报

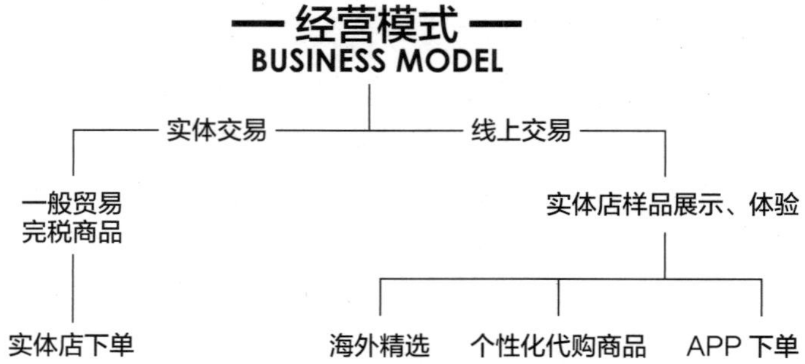

银泰西选经营模式图

银泰Choice西选是银泰对于跨境海淘的一种摸索、对于O2O的一种试验。银泰首先坚持更多进口商品的源头采购和一手货源，以最优性价比为消费者提供高品质的产品和服务；其次，坚持O2O的创新与应用，通过联姻更多线上知名平台创新产品组合、丰富消费体验，实现第一时间直购全球；最后利用银泰及实体店的信誉背书，为西选线上平台提供极佳的线下售前售后服务。西选主打海淘热门产品，近15000种商品中，70%为完税进口商品，顾客可以在现场直接下单购买并提货；30%为海外跨境进口商品，货架上陈列的样品仅供看样试样，消费者可以在O2O互动体验区通过扫描二维码购买，在更海量的海外商品库里选择线上下单、保税直邮的方式直接将商品寄到家中。在商品服务方面，西选支持线上购物、线下售后，实体店便利退换货；并推出“西选宅配”业务，通过与顺丰、风先生等专业配送平台的联姻，实现了在同城配送上的突破。

商业模式探索之垂直类 APP

如果说综合型跨境电商平台做的是“大而全”，那垂直型跨境电商做的就是“小而精”。垂直型的跨境电商平台在细分类目领域更加专业，用户体验也更好。2015年3月30日上线的格格家APP，定位于进口食品免税店，主要面向25~40岁的

格格家 APP 活动海报

城市女性。格格家认识到国民对于高品质的进口产品需求量极大；再者，手机购物正逐渐取代PC成为网购的主力军，各种手机购物APP应运而生，其中跨境电商APP尤为引人注目。在这样的环境背景下，格格家从一开始选品即采用C2B的客户定制需求，所有的选品、定品、活动、策划等都让客户全程有可参与点。利用微信小游戏、任意门、星座等趣味营销活动引发用户微信朋友圈转发、领优惠券及购物。

具体而言，格格家利用在女性群体中被广为流传的星座话题打造一场狮子座大宴请的吃货盛宴：每个星座都有鲜明个性，其中以狮子座为人最为豪爽，为庆祝他们生日到来，12星座小伙伴都相聚格格家。

结合选品的需求，从APP上线到整个前期选品的过程统称为宴请准备期。宴会时间定在8月19日，刚好是周三消费高峰日并且是大多数公司发薪日。通过征集选品试吃团成员，不断吸引有进口食品购买需求的客户成为APP用户，完成APP第一批忠实用户的积累。运用微信与用户不断1对1沟通客户的喜好、APP的改进建议、选品等，为下一步爆发做准备。同时提出狮子座大宴请，通过第一批忠实用户的分享朋友圈吸引更多的用户。

第一阶段：选品试吃团（宴请前期准备） 时间：4月1日～7月25日

第二阶段：宴请我的好友 时间：7月26日～8月18日

第三阶段：12星座吃货盛宴 时间：8月19日

最终效果，APP总下载量突破50万人，超出预期20万；8月19日12星座吃货盛宴单日成交突破100万元，提前一个半月完成任务；200多家新闻媒体竞相报道，1200多家网站论坛转载；百度指数2300点，同比增长600%多。格格家的整体活动对外推广渠道全部在微信个人号及朋友圈完成，除人工外，其余推广广告费用0元。

跨境制胜因素

由于跨国境、跨语言等特殊场景，跨境电商比通常的电子商务模式要更加复杂，在商品管理、仓储物流、售后服务等各个环节都有很大的差异性，即便是京东、天猫两家巨头，角逐跨境电商新格局也是一项细致而长期的过程。

首先，做好跨境电商的基础是平台的建设。随着跨境电商的爆发，跨境电商平台也遍地开花。平台的搭建将集中资源和信息，为境内外沟通搭建桥梁，给跨境电商提供更好的服务。身处于信息和科技的时代，总是离不开对大数据的依赖，无例外的，电子商务平台的建设也将与大数据绑定。此前，在电子商务领域，由于国际贸易有着较特殊的行业形态，多年以来并未形成深度的数据积累。如今，在这个信息泛滥的年代，想要在海量信息中获得有效部分，就必须深耕数据，在由许多基于交易的数据组成的大数据中，挖掘出对卖家最有效的信息。通过对跨境电商平台的数据分析，以掌握全球市场买家的采购偏好以及国际贸易格局发生的变化，然后将这些数据进行有针对性的分析研究，作出国际贸易趋势的预测，从而帮助供应商更好地选择合适的产品和市场进行发力。这样，跨境电商企业在通过互联网帮助客户把信息表达出来的同时，也提升了企业效力。而且，随着数据的不断累积，最终会形成跨境电子商务的信用体系，让更多的买家和供应商受益。

其次，跨境电商的前提是跨境支付业务。传统的跨境贸易，普通消费者根本无法搞懂复杂的结算流程和结算方式。现在Paypal、支付宝、中国银联都针对跨境交易提供便利的交易结算、支付担保服务，普通消费者可以像购买国内商品一样实现简洁支付。由于跨境电商支付业务的破冰，客户海外购物不需要使用万事达、VISA等双币卡消费，只需将钱款支付到国内的第三方支付平台，海外卖家收到订单后就可发货，很大程度上缩短了交易所需时间。这也就意味着网上个人卖家可以直接与境外买家进行交易。

再次，物流也是做好跨境电商的关键一步。传统的跨境物流通常短则一周、长则一个月，物流成本也是境内购物的数倍，尽管在当下全球信息得以在互联网中畅通无阻地交流，现实中货物的流通却没那么顺利，各国之间进出口货品仍然存在海关通关的阻碍，严重限制了跨境电商的效率，使跨境交易的成本加倍提高，自然也就加倍地增加了成功的难度。电商和物流一直是搭档式的出现，国内电商的发展带动了境内电子商务物流的变革，面对这种变化，跨境电子商务物流业也积极应对，现在随着各大电商全球化步伐，顺丰、申通、中通、圆通等物流企业也纷纷走出国门，开展海外仓储、跨境转运、海外自提等业务。越来越多的公司更加重视电商并逐渐加大投入，建设海外仓，加上国际航空网络和运力的持续增长，相信物流将逐渐追上跨境电商的发展速度。未来的跨境电子商务物流企业应该更加强调全球供应链集成商的角色，通过高效处理库存、仓储、订单处理、物流配送等相关环节，整合最佳资源，为小额跨境电商提供更全面的服务。

最后，作为面向全球的消费市场，国外众多品牌和产品对中国消费者来说仍然需要品牌传播和产品推介的过程。中国消费者对国外品牌和产品的认知，仍然停留在少数国家、少数品类、少数品牌上，这也是跨境电商网站目前主要经营品类都集中在奶粉、化妆品、保健品、服饰等少数品类和少数品牌的原因。再优秀的品牌和产品，进入国内市场都需要一个消费者认知、获得美誉、获得忠诚度的过程。而在这一方面，目前国内跨境电商网站几乎没有做得较好的。大家普遍停留在“产品搬运工”的角色，缺少推介和传播新品牌和新产品的能力。当前中国已经具备培育和发展巨型跨境电商的“硬性”市场条件，但在品牌推介与塑造、品类筛选、产品管理和服务效率等“软性”方面有待加强。

跨境平台的争夺也许是国内电商最后一次混战，是可以改写国内电商格局的机会和新增长点。现在的消费者提到海外网购并不能马上想到一个最合适的购物平台，若有企业能在各个环节、商品品质等方面做到最好，就会先形成品牌效应占据消费者的首位意识。在跨境电商这场战役中，由于各类不同玩家的激烈角逐，也会促进跨境供应链的规模化，帮助中国的中产阶级完成消费升级，并推动整个零售行业的整体价值升级和成本结构优化。我们期待早日看到有足够实力的勇者能成为中国5亿中产阶级跨境消费平台“世界商城”的第一选择。

母婴电商：见证最柔软的奇迹

一、母婴电商市场前景分析

预计在未来的5～10年里，我国会迎来新中国成立后的第4波婴儿出生潮，再加上过去一年二孩政策放开，伴随着国民消费水平的持续提升，因此，未来几年里我国每年的新生儿出生人数将保持在一个较高的水平。婚育高峰期的到来，以及伴随着消费用户数目的扩大，综合这些因素，中国母婴市场将会进入快速增长期。

由于我国多年实施计划生育政策，造成现阶段我国特殊的4+2+1的家庭结构，当代家庭里面长辈多，孩子少，往往有6个大人共同抚养一个孩子的局面，孩子是家庭中关注的焦点，孩子的健康和生活质量越发受到重视。此外，年轻一代父母的消费观念也在升级，更加注重母婴产品的品牌和质量，在购买母婴产品时，年轻父母们将产品质量看成超过价格的最重要因素。

此外，网购、移动购物等新技术的发展也为母婴市场的发展提供了充足的动力，年轻的父母一代伴随着互联网的发展成长起来，对互联网的依赖程度比较高，随着智能手机的普及、移动互联网技术的日趋成熟，网购已经成为年轻父母购买母婴商品的重要渠道，大量孕婴工具和母婴社区成为年轻父母获取孕婴知识的主要来源，而移动电商也解决了现代生活中年轻人在碎片化的时间里购物的需求。母婴电商在上述行业技术以及需求背景下迅速增长，根据数据显示，母婴电商行业将成为我国网购市场份额第五大行业，母婴行业网购规模复合增长率高达57%，电商交易额持续攀升。

二、母婴电商的百花齐放

2014年，贝贝网、蜜芽宝贝、宝贝格子等垂直母婴电商平台相继上线，宝宝树、妈妈网、辣妈帮等社区开始布局电商业务；乐友开启O2O战略，市场准入门槛提高，垂直母婴电商获得较大发展。

2015年，母婴电商行业进入加速发展阶段，电商交易规模快速扩大，2015年中国母婴用品网络零售市场交易规模达到2194亿元人民币，相比2014年增长39.9%。未来随着用户消费习惯的进一步迁移、二孩政策的放开、移动互联网消费模式的成熟，母婴用品网络零售市场会继续保持高速增长的态势，预计到2018年中国母婴用品网络零售市场交易规模将达到4944亿元人民币。

在2015年，母婴电商的营销主要有三个特点。

立足情怀，整合营销

惠氏：惠氏S26金装最强小大脑计划。

惠氏推出惠氏S26金装最强小大脑计划，结合淘宝优势资源与平台，针对宝宝妈妈这个群体，基于淘宝大数据及阿里妈妈的展示广告产品技术，策划了基于宝宝妈妈们具体行为数据的千人千面的互动和趣味测试来吸引消费者参与，帮助惠氏S26金装在更多的潜在消费者中得到更深入的认知，使整体推广效果最大化并借此传播惠氏S26的品牌理念及产品诉求。

合生元：蓝丝带乐途计划。

为解决孕妈产检、妈妈出行的难题，解决妈妈为宝宝选择安全口粮的问题，合生元推出蓝丝带乐途计划。通过种子视频引发大众关注妈妈出行难问题，展开预热活动，并借助母婴垂直、视频网站、微博吸引受众对事件的关注；发布HTML5活动主题及集赞活动引发大众转发，在官微、微信大号转发，吸引受众对事件的关注；

紧接着推出1元价格出售80元组合券（专车券和合生元天猫店现金券），通过天猫聚划算联合页面、微信服务号推送信息以及微信大号转发，吸引更多的潜在顾客，增加活动活跃度；聚划算活动全店7.5折，购买指定产品送专车出行基金，抽奖赢旅游基金。通过天猫、聚划算，达到承接活动流量、销售转化的目的；专车和定点医院的落地宣传让消费者更易接受。通过官微、店铺微淘、定点医院广告进行品牌曝光，促动消费欲望，提升消费者对品牌好感度，巩固消费者购物信心。

丽贝乐："为妈妈请睡"整合营销项目。

丽贝乐洞察到现在妈妈缺睡的问题比较普遍，这会影响到妈妈们的工作效率，而随着二孩政策的全面实施，未来会有很大一部分妈妈需要面对缺睡的问题。这需要家庭和社会的关怀。基于这种消费者洞察，丽贝乐推出病毒视频《缺睡妈妈》，引爆话题共鸣，放大妈妈缺睡困扰，呼吁爸爸行动。片中植入产品丽贝乐夜间专用纸尿裤诉求，并在视频网站、母婴平台同步推荐，视频最终播放量超500万。在传播上利用明星贾静雯感召大众，带动传播冲高。品牌占位，全民响应。品牌官微和母婴垂直平台一起发起"为妈妈请睡"的呼吁，号召爸爸为孩子换尿裤，并引发一男子用丽贝乐纸尿裤砌成10平方米心形、向怀孕女友求婚、承诺承包女友及宝宝睡眠的亮点事件，这一话题被超过100家媒体报道。

整合供应链，打造全渠道母婴消费平台

蜜芽：深度整合跨境供应链，以母婴为入口打造家庭消费平台。

蜜芽在整合跨境供应链、整合以母婴消费为基础的家庭消费模式上实施了一系列行动。2015年3月，蜜芽开展纸尿裤疯抢节优惠大促；4月与红黄蓝战略合作，发力O2O；7月更名为蜜芽，与6大国际奶粉品牌达成战略合作；9月完成D轮1.5亿美元融资，百度领投；10月在海南开设了首家线下实体店。蜜芽通过深度介入跨境供应链、缩短跨境消费链条的方式，降低了成本。另外，蜜芽还在保税区自建了专业仓储设施，保证了母婴产品的品质。蜜芽以母婴品类为切入，逐步扩展到相关的家居、美妆等品类，打造以妈妈群体为核心的家庭消费平台，通过自建门店和与线下早教、亲子游乐等机构合作，整合线上与线下资源，打通交易，围绕母婴用户需求拓展消费场景，成为综合的婴童服务公司。

乐友：线下升级门店，线上完善电商布局，打造全渠道母婴购物平台。

乐友在2015年注重对全渠道购物平台的打造。5月上线体验式跨境电商乐海淘，并联合15个国际品牌商发起跨境电商安全联盟；6月首家全新O2O体验店开业；7月与东方爱婴达成战略合作，布局安全母婴生态圈；9月入驻京东悠唐母婴体验店；10月乐友会员数量超过700万。乐友具有10多年的全渠道供应链的积累，商品都是品牌商授权直供，并独家引进了30多个海外品牌，满足用户差异化的需求。2015年乐友进一步推出O2O全新体验门店，给用户带来体验式的消费，将线上的电商布局与线下的门店升级结合起来，体验式消费包含了海淘体验、智能产品体验、妈妈教室、儿童游戏等，都是以用户需求为出发点，打造综合服务的购物平台。乐友还拥有服装等非标品类自主品牌，如童装自主品牌乐友，公司着力提高童装产品的安全标准，给用户提供健康优质、高性价比的产品。因此，综合以上策略，乐友去年电商业务增长迅速，线上业务占比持续提升。

完善运营模式，拓展竞争优势

贝贝网：平台+自营双模式并行，从流量运营回归母婴商业本质。

贝贝网团队具有丰富的电商和平台运营经验，流量运营能力也很强。2015年，贝贝网在1月完成了C轮1亿美元融资，上线海外购；6月上线社会化电商频道“圈儿”；10月举办中国母婴峰会；11月成为《全员加速中》官方指定母婴购物APP；12

月签约品牌代言人刘涛。通过种种大手笔的行动，贝贝网移动端APP的用户规模大幅增长，用户活跃度很高，移动端的占比巨大。

宝贝格子：海外直邮增长迅速，新三板上市华丽转身。

2015年12月，宝贝格子新三板正式挂牌上市，12月全球9个国家实现产地直邮。宝贝格子也注重提高技术水平，通过技术抓取海外热销商品，进行针对性采买，为消费者提供精选商品。也注重匹配海外知名电商链接，在这同时，售价与海外保持一致。宝贝格子通过开通海外直邮的方式，增加了消费者选择的余地，为孕婴育儿的父母们提供了更优质的产品和服务，也保证了价格上的实惠，这些措施都增强了宝贝格子的竞争力，奠定了其知名母婴电商品牌的地位。

三、母婴电商行业趋势解析

趋势一：线上线下融合，O2O趋势盛行

消费者线上购物的习惯已经养成，线上购物灵活便利，支付手段灵活便捷，线上信息陈述详细，而且消费者可以在线上看到完整的消费评价；尤其是在移动端消费，可以满足用户在碎片化的时间里购物的需求，线上购物时间的灵活性和商品的多样化，为消费者提供了更多的选择。线下体验式消费也具有独到的优势，门店消费可以弥补消费者对网购的不信任，帮助用户在购买之前更全面地了解产品，降低决策成本，线下的服务更落地，而且显现场景丰富，可以延伸出亲子互动、游乐、早教等活动，更好地满足母婴用户的长尾需求。因此，母婴电商市场的发展必然是线上与线下整合的过程，数据互通，优势互补。比如2015年，蜜芽开设线下实体门店，与线下亲子、游乐等相关机构联动，宝贝格子在海外开设线下门店，依托海外门店整合当地供应资源，增强用户信任；乐友开设全新O2O体验门店，打造小门店大世界提升网上商城APP互动性；京东母婴开设线下母婴实体门店，主打线下场景式

体验，实现线下体验，线上下单。

2015年，母婴电商行业与O2O的融合，可以加速母婴市场的进展，拉近母婴品牌与消费者之间的距离。同时，线上与线下的整合，要综合考虑资金、时间、物流成本等条件，进而提高整合的效益。

趋势二：延伸社交价值　引爆社群营销

母婴产品用户希望通过社群了解更多的信息，尤其是年轻的妈妈们，希望在母婴社区里了解到更多的育儿、健康产品信息。品牌的口碑会在很大程度上影响到母婴用户的消费决策。因此，母婴电商也要有经营品牌社区的意识，建立良好的口碑，提升用户对产品的信任度，打造专属的用户圈，引爆社群营销。

比如，2015年妈妈网在新三板上市，进而拓展多元化营收模式。2月，妈妈网作为唯一互联网社区，参与央视春晚微信红包活动；7月开展“百万红人”全面计划启动，开启红人营销战略；8月携手中国福利基金会，助力公益事业；11月新三板挂牌上市；12月明星辣妈大S出任品牌代言人，用明星妈妈的影响力聚集这个品牌社区里的消费者。妈妈网进一步完善社交入口与电商相结合的商业模式，布局“1+32”全国母婴网络矩阵、移动端双入口，打造完整的互联网母婴生态O2O服务闭环，坐拥海量用户，以母婴服务为核心，打造“资讯+社区+工具+电商＋本地服务”一站式平台，满足差异化泛母婴需求，启动红人营销和W计划，挖掘意见领袖，培养核心社群，充分发挥社群精准传播和红人营销价值，扩展大母婴上下游产业链，跨界融合金融、旅游、房产等领域，打造以妈妈网为核心的大母婴生态圈，开始不断拓展业务场景。

5月美囤妈妈电商平台正式上线；7月宝宝树完成3亿美元融资，聚美优品战略领投；8月宝宝树成为《爸爸去哪儿》独家母婴合作伙伴；10月美囤妈妈独立客户端上线；12月举办“母婴奥斯卡”——宝宝树金树奖盛典。升级移动产品，强化社区入口，丰富业务功能，以电商为基础引入多种业务形态，围绕母婴用户的需求，完善移动生态，快速完成移动端用户迁移和移动产品布局，覆盖多种应用场景。米卡早教产品日渐成熟，线下日托解决职场妈妈的后顾之忧，利用社区优势发力电商，扶持大量原创品牌，形成差异化竞争。传统电商业务上，升级宝宝树生态，引入金融保险、医疗健康、早教、旅游等业务，完善业务生态布局。

电商已经成为重要的母婴用品购买渠道，消费者常采用“固定品牌+囤货”的购买方式。《2014新浪母婴消费白皮书》显示，消费者的体验交流、专家意见是选购母婴消费品的重要影响因素，妈妈和准妈妈们在线上有强烈的分享消费体验的意愿，并深度互相影响购买决策。年轻的妈妈们面临社交、育儿、学习等一系列的问题，她们也希望在母婴社群里互动，及时获取育儿经验，买到放心可靠的产品。能够延长产业链，解决这些问题，也是目前母婴行业的一个关注点。未来，深耕妈妈社群，在线上教育、线下活动、沟通交流等多方面解决妈妈们的问题，为目标用户提供更多的机会。这些社群里的消费者也会在获取认同和利益之后将品牌对外传播，这样也会吸引更多的妈妈群体，成为妈妈社群的一分子。

趋势三：母婴电商市场持续下沉，三、四线城市加入网购

母婴电商市场将持续下沉到三、四线城市，电脑和网络加速普及农村市场。在农村，90后结婚，电脑已经成为必备品。各大电商平台如京东、天猫都在农村进行刷墙运动，乡镇市场很快就将成为竞争最激烈的电商市场。而在乡镇市场，大平台电商配送的自营商品品质反而比街头的实体店更有保障，更受消费者欢迎。与刷墙运动相比，苏宁“物流云”要显得略胜一筹，凭借自身12个自动化分拣中心、60个区域物流中心、300个城市分拨中心以及5000个社区配送站，实现优先从门店仓直接进入“最后一公里”的配送，线上线下都能更快地到达消费者。

趋势四：海淘兴起，跨境特卖成为母婴电商标配

伴随着中国中产阶级家庭崛起，很多家庭的消费能力得以提升，而国内母婴用品安全问题也让很多消费者将眼光投向海外，个人海淘代购需求非常旺盛。另一方面，消费者对海外品牌认知有限，而传统跨境购物消费成本高，个人海淘代购质量又很难保证。因此，伴随跨境购物消费热，母婴电商都开始大力拓展跨境交易。

消费者对母婴产品的选择更为慎重，对于产地、品牌形成固有认知及依赖。更需要专业买手深入原产地，层层代理直接采购，获取海外品牌方或总代理授权，签署正品采购协议。母婴电商也在积极地开拓跨境交易，提供平台背书，整合物流，做到产地直采、海外直邮，用这些方式来吸引消费者，提升母婴电商的竞争力。

综合以上分析可以发现，2015年母婴电商行业发展很快，电商交易规模快速扩大。随着用户消费习惯的进一步迁移、二孩政策的放开、移动互联网消费模式的成熟，母婴用品电商市场将会继续保持高速增长的态势，母婴电商将继续见证最柔软的奇迹。

电商下乡：抢占势力新空间

农村电商——新格局的关键点

早些年，电商可能还是一个新鲜词，但是如今，这项新兴商业已经深入人们的日常生活。尤其对城市居民来说，更是必不可少。这顺风顺水的十几年发展，让中国电商尝到了巨大的甜头。但是，根据艾瑞咨询发布的数据，2013年我国网络购物，在这样繁盛的发展状况下，电商们依靠城市人口红利、低价流量来盈利的模式却在逐渐式微。

以前，人们刚刚接触网购等电子商务，每年都会有大量的新鲜用户进入市场。所以，企业每年所获得的新增用户数量多且成本低。纵使用户的单位价值贡献率不高或是用户流失现象严重，也能依靠新用户的高速增长来弥补。但是，随着中国网络的普

联想云农场宣传海报

及和城市化发展的进程加快，这些新用户的人口红利优势将逐渐减弱，尤其是在一、二线城市。这些城市居民，有一定的经济基础，接受新鲜事物速度快、程度高，是被各大电商优先重点开发的。到如今，不管是从用户扩张的角度，还是从品类扩张的角度，这些一、二线城市已经接近饱和也不足为怪。因此，挖掘原有用户的价值，提高单位价值贡献率，以及探索新市场，将成为未来电子商务发展的关键。

据前瞻产业研究员提供的《2015-2020年中国电子商务行业市场前瞻与投资战略规划分析报告》中的数据显示，2012年-2014年，我国农村社会消费品零售总额连续30多个月增幅超过城市，农民收入也实现十一年连续增长。然而，2010年我国流通的农产品价值共计2.24亿元，其中网上销售占比却不到1%。同时，阿里研究院发布的《农村电子商务消费报告》中也显示，过去3年，淘宝农村消费占比不断提升，从2012年第二季度的7.11%上升到2014年第一季度的9.11%，并且仍将持续增长。依据阿里预测，到2016年将有望增长到4600亿元规模。因此，农村电子商务的消费潜力和发展力都足以吸引众多电商企业进入三、四线城市，甚至是农村。显然，农村电商才是未来中国电商发展的关键点。

实际上，像阿里、京东等电商巨头早已经在布局农村上下了大功夫，在调整战略、完善策略等方面，经过多次尝试，分别提出了千村万县计划、淘宝村、“3F战略”、京东帮服务站等规划。而其他一些综合电商平台或是农产品电商平台也在不断地寻找适合自己的路线，甚至是传统农村企业也在试图转型互联网企业。比如，新希望与一亩田达成战略合作，“田田圈”互联网联盟成立，中华供销合作总社大力转型全国性电商平台，联想闪投“云农场”，等等。2014年时，我国各类涉农电商就已达3.1万家，其中涉农交易类电商近4000家。可见，未来农村电商将迎来重大发展。抓住这次机遇，实现农村电商的良好落地，是每个电商企业顺应潮流和时势的选择。

特色中国之湘西馆宣传海报

田田圈宣传海报

借势政府

中国农村电商的一大特点之一就是其浓厚的政治色彩。实际上，农村电商并不仅仅是商业上的事。在我国，“以工养农”“以乡养城”所导致的城乡二元经济结构的缺陷已经成为阻碍市场经济发展的重大因素。因此，对于政府来说，农村市场作为市场经济的下一个发展点，在“互联网+”的影响下，是受到极大重视的。也就是说，农村电商不仅是在追求农村的经济发展，还关系到政府扶贫事业、和谐社会等长期目标的实现。从目前各地的农村电商实践来看，遂昌、丽水、清河等成功案例都给了政府信心。因此，无论是在政策上，还是从资金上来说，政府都在试图打造一个互联网模式下的新农村，对于农村电商扶持力度都是极大的。

2015年11月9日，国务院发布《关于促进农村电子商务加速发展的指导意见》，提出包括加强政策扶持、鼓励和支持开拓创新在内的推动农村电商发展七大政策措

农村淘宝人剪影

施。其中，明确了农村电商的三大重点任务：一是培育农村电子商务市场主体；二是扩大电子商务在农业农村的应用；三是改善农村电子商务发展环境。在这之前，仅2015年，政府实际上就已经多次颁发文件推动农村电商发展了，如3月12日交通运输部会同农业部、中华全国供销合作总社、国家邮政局联合印发的《关于协同推进农村物流健康发展、加快服务农业现代化的若干意见》，5月4日国务院印发的《关于大力发展电子商务加快培育经济新动力的意见》，中央一号文件《关于加大改革创新力度加快农业现代化建设的若干意见》以及6月17日农业部发布的《全国农产品产地市场纲要》等。

这对于试图尝试农村电商的企业们来说，都是极好的。因为，政府的大力推动，对目前的农村电商发展受到限制的方面，比如宽带和物流等问题，都能获得较好的解决。此前，尽管电商巨头在不遗余力地打造覆盖全乡的物流体系，但地广人稀，资源的集中利用率很低。其实，这“最后一公里”的问题是需要政府配合打造一体化的服务基础设施。从仓储到培训到体验，企业们都需要借政府一把力，才能打通农村电商的各项渠道，依靠政策优势，深入三、四线地区，树立品牌、站稳脚跟。

农村淘宝合伙人

我国农村现存的问题也是目前限制农村电商发展的主要困难，比如支付、物流、宽带、人才方面的问题等。其中，解决人才流失的问题是实现农村电商发展的至关重要的一环。众所周知，农村常住人口以老人和孩子居多，而青壮年多进城务工。这批熟悉互联网且具有较强消费能力的年轻受众往城市转移，造成了农村事实上的空壳化趋势，使得农村的人才流失严重，消费能力、生产能力都受到限制。而且相较于城市，在教育问题和人才培养上，农村也处于绝对的弱势，更不用说专业的电子商务人才培训体系了。这种种不利因素对于农村电商的发展甚至可以说是致命的。因此，在发展农村电商的问题上，一定要留住那些具有消费能力和消费欲望的年轻人，一定要吸引到有创业热情、有能力的年轻人，一定要解决“没人”的问题！

当然，针对这个问题，各大电商巨头都曾有尝试。对阿里而言，农村淘宝合伙人的成功，证明了农村的“人才”问题可以在引导下在农村内部解决。在阿里的农

马云在农村淘宝活动上发言

村电商布局之初，采用的是建立村级服务站——小卖部兼营的方式。到2015年5月，阿里改变策略，以全职的“农村淘宝合伙人”重新杀入农村电商的战局。所谓的农村淘宝合伙人，多是返乡青年，熟悉互联网，熟悉网购，对创业有热情，对家乡有感情。他们不仅为当地村民代购，也帮助他们安排农产品上网售卖，安排医疗预约、旅游预订，甚至帮助他们申请小额贷款。他们是阿里在农村电商整体布局里的“星星之火”，终将激活农村的电商生态圈。

对于农村淘宝合伙人来说，人很重要。阿里对于这些合伙人从挑选到培养都有自己的标准。首先，这些农村合伙人需要通过笔试，以此来考察合伙人对互联网和电商的了解情况。其次，还要针对其积极性、宣讲能力和工作能力进行综合评定。即使在成为农村淘宝合伙人后，阿里也会以县为单位，从业绩和价值观两方面，每个月对其工作进行严格的考核。对于表现优秀的合伙人，阿里会给予数额不等的现金奖励；对工作能力差、达不到最低订单要求的合伙人，则会帮助其分析失败原因，提升业绩能力。如果合伙人被投诉过多，影响到农村淘宝的整体品牌，甚至会被清退。但是，在宣传、服务、执行等方面，阿里给了这些合伙人极大的自由度。每个合伙人可以依据自身所在的地区特色和人情世故，创造不同的发展模式，从而最大限度地激发这些合伙人的创造力。其实，有时候这些年轻人只需要一个平台、一个机会，就能激活当地村民的消费能力和生产能力，成功地构建一个单位的农村电商站点。

这个模式实际上是阿里在培养一个个成熟的电商创业人，而这正是阿里农村电商最核心的内容。要发展好农村电商，仅靠企业的力量是捉襟见肘的。即使如同阿里、京东等电商巨头也不可能靠一己之力搞活整个农村电子商务生态圈。而阿里的这个农村淘宝合伙人的模式，是在利用消费者自身的力量，以一个人带动一群人，以一群人带动整个生态圈，动员第三方的力量来完成阿里农村电商平台的建设。

特色中国之热门城市宣传图

对于所有电商企业来说，这都是一个借力打力的好方法。其实，企业对于农村电商的期待无非在于有农村特色的产品链以及未开发的农村消费市场上。合伙人的模式，避免了企业不熟悉农村物产、人情的尴尬，对于成本也会有更好的控制，从农村居民的内部调动起了生产和消费的积极性，最重要的是解决了人才回流的问题。

产品为先

在谈农村电商的时候，首先必须要抛弃之前对于农村购买力和生产力的偏见。不管是从消费者的角度，还是从生产者的角度来说，农村电商并不意味着产品价格低或是品质低。而且，农村电商的发展基础也必然是产品。现如今，有很多农产品电商走所谓的品牌策略，却不注重自身产品的品质和衍生，相反利用风险投资基金（VC）、私募基金（PF）等进行融资，又或是过多地把资金投入到自建物流和仓储等上面，一味地走吸引眼球的路线。这很容易出现资金问题，而且，一旦出现问题，很难翻身。因此，产品为先是所有想要进入农村电商市场的企业需要着重注意的。这“产品”二字，不仅包括了村民们购买的产品，也同样包含了村民们售卖的产品。

首先，从购买者的角度来说，农村是有消费能力的。尽管他们在奢侈品等高端消费上需求要比城市弱很多，但是在日用品等其他产品的需求上，要求并不比城市居民低。但现实却不尽如人意，时至今日，在农村里，假货、瑕疵货品流布等现象仍屡见不鲜。甚至在医药品上，都会有造假的情况出现。因此，农村对于优质商品的需求是非常紧迫的。他们渴望买到有保障的商品，而连年增长的收入也代表着他们并不差钱，然而他们却缺少通路。电商的进入为村民们打开了新的消费口。只要电商有足够优质的商品，就不怕没有农村市场的。

如果从生产者的角度看，问题就是农村的产品如何走出“村外”。现在，农村电商更多的是在把各类商品带入农村市场，扩展农村商品品类、质量及服务。农村商品的向外流通则处于弱势。农村和市场的“双向流通”仅在一个方向上有了较大的提高。如何沟通好小农户和大市场是农村产品走出去的关键。其实，电商进村对于农产品的销售通路是极为有利的。因为农村地区往往交通不便，基础设施欠缺。而电商的入驻，使得农村地区的网络、物流、仓储都有了质的提升。而且电子商务的普及，使得农村居民甚至可以跨过中间商，直接进入市场，更好地与消费者沟通，把握市场信息，及时转变生产策略。但是，农村产品“出村”的关键仍旧是在产品自身上。

现在的市场上产品丰富，像淘宝、京东等综合类大电商，几乎已经囊括了所有的产品品类。而且，消费者不仅能接触到国内各地的商品，甚至跨洋的海外商品，如今也能轻而易举地购买到。那么，农村产品的优势究竟在哪里呢？因此，在农村产品走出去的过程中，必须要注意保持自身的产品品质以及构建自身的产品特色。

农村产品的品质常常得不到信任，因为其完全取决于农户个人的意识和做法。往往在生产初期，农户们能够保证自身产品的品质，但到后来，因为过度开发、供需不对称、利益等种种原因，农户们忽视了对产品质量的维护。因此，农村产品要想走出农村进入城市，必须首先解决规范生产、保证质量、维护信誉、改善售后的问题。目前，中国农业正在向现代化转变，智能化、精准化、定制化都将是未来的发展方向。各地农村可以利用网络商务，更新自己的农业生产链，从技术上保证在规模化生产的同时保证产品品质。

除此之外，依据自身的地域特征和文化底蕴，做有特色的产品经济，即有品牌的、有地理标志的、非同质化的产品，在如今的市场竞争中极其重要。如果还是同以前一样，进行没有品牌没有特色的同质化竞争，那么在如今的电商平台上，不仅会减少收益，甚至会进入价格战的恶性循环，或是亏本破产。而有特色的产品不仅能打入市场，在同质化竞争泛滥的今天抢到市场份额，还能获得电商平台等的一系列扶持政策。比如淘宝的特色中国项目，就是寻找并推动具有特色的中国品牌。如果农村品牌能够借助这些项目，对于自身产品的宣传是有很大帮助的。现今，无论是在综合类电商平台还是在垂直类电商平台上做宣传，成本都极高，用户转化的成功率也不能保证，依托于这些平台对于优秀农村电商的扶助举措显然是极其有益的。而且，农村产品并不仅仅局限于农产品，现今的农村旅游也已经流行起来，越来越多的城市居民选择邻近的农村放松身心。深挖农村地域特色文化，以可持续发展行业来进行经济发展，也是农村电子商务前景看好的一个方面。

我国约14亿人口中，农民人数就占总人口的三分之二，共9亿多。庞大的人口基数决定了农村市场的发展是必然的。而且，21世纪以来，电子商务使我国的经济、人民生活方式都产生了深刻的变化。电商的崛起，已经成功地渗透到生活的方方面面。当电商遇上农村市场这一片蓝海，农村的生产和购买方式都必然会发生深刻的变化。农村电商不仅将成为我国电商未来发展新格局的关键点，也将拉动我国整体国民经济向好的方向发展。在未来几年，农村电子商务会借势政府，也应当合理运用阿里的合伙人制度等优势举措，调动农村居民的生产和购买积极性，以产品为先，全面更新其全貌。

群战生鲜：蓝海变红海

一、生鲜电商行业发展回顾

中国生鲜电商市场发展迅速，有关数据显示，2015年中国生鲜电商市场交易规模达497.1亿元，增长80.8%。生鲜电商市场保持着平均每年80%以上的增长率，这表明了电商平台对生鲜行业的巨大吸引力。

2005年至今，中国生鲜电商市场经历了探索期、启动期和高速发展期。从2005年到2009年是生鲜电商市场的探索期，这一阶段里中国食品安全事件频发，人们对高品质食品的需求迫切，所以定位小众和本地市场的生鲜电商逐渐兴起，但因消费市场的不成熟和电商环境等原因，第一波的生鲜市场“浪潮”很快退去。从2009年到2012年是市场启动期，电子商务在这几年里得以快速发展，消费者对网购逐渐认可并产生依赖，以我买网为代表的生鲜电商平台迅速崛起，模式逐渐成熟。从2012年到2015年是生鲜电商行业的高速发展期，伴随着“褚橙”与本来生活网的事件营销，生鲜电商再次被推上风口浪尖，资本大量进入，大型购物平台纷纷涉足细分生鲜电商品类。2015年在资本“寒冬论”的大背景下，生鲜电商市场融资“捷报”频出，中粮我买网完成了C轮2.2亿美元融资，创下行业新高。主打蔬菜生鲜反向定制的“五百家”获得了由熊猫资本领投、合力投资跟投的2500万元A轮融资。

二、2015 年生鲜电商行情

2015年最畅销的生鲜网购品类前三类分别为：水果、乳品、肉类。作为生鲜产品大类的蔬菜在网购中占比偏低，产量较少的乳制品由于市场需求而大量进口，成为网购热销品类之一。网购过生鲜产品的用户对这种购物方式的认可度较高，进口生鲜购买率较高。

2015年，中国生鲜电商行业移动端数据体现出消费升级、对食品安全的注重、对品质生活的追求的态势，市场竞争激烈，多元化推广模式揽获用户，生鲜电商市场月度活跃用户规模逐月稳定递增。网上零售继续扩充体量、生鲜电商市场规模逐年上升，受行业内技术、资本、消费观念等利好因素的影响，更多优质企业入局生鲜电商行业，催生出更多模式，推动电商渗透率增长，生鲜电商行业将进入加速期，生鲜产品逐渐品牌化，这将促进行业良性竞争。

主要的生鲜电商的大动作包括：我买网依托中粮强势资源构建供应链及冷链强势壁垒。2015年10月12日，业内传出消息，中粮集团扶持的生鲜电商网站中粮我买网再次获得融资，领投方包括百度和泰康人寿，投资金额为2亿美元（约合12.64亿元人民币）左右。由此，我买网完成了C轮融资。天天果园定位高端市场，开拓多元化业务运作模式，立足生鲜细分领域，深入产业链条并为消费者提供多元化选择通道，与国外水果品牌及政府机构建立合作关系。拼好货以拼团购买的方式发展“C2B”模式，融入社交属性，通过社交+电商推动消费者自传播。爱鲜蜂在与线下小店合作同时，探求与上游生产商的合作，构建平台，力图在自有产品端发力，聚量之后拓展自有品牌。此外，虽然目前生鲜电商市场上玩家众多，但天猫占据了明显的份额优势，其渗透率达到43.8%，其后三名分别是京东、天天果园和顺丰优选，渗透率介于11%到15%之间。从数据可见，用户渗透率的前五席几乎都被综合型电商占据。综合型电商做生鲜有几个明显的优势，包括流量积累带来的入口优势、品牌积累带来的信任感以及用户使用习惯的沉淀等，这些都是大部分垂直型生鲜电商短时间内难以企及的。

三、生鲜电商快速发展的背景分析

国家出台政策，提高农村宽带普及率，推动农产品与互联网融合；农产品种植及冷链等技术升级助推发展；完善食品安全相关法律规范市场，一带一路政策，完善冷链物流行业标准，加强冷链基础设施建设，从产品、物流、跨境多方面支持生鲜电商行业发展。国家政策支持农产品触网，鼓励资本和创新；同时，食品安全与冷链物流等相关领域的法律、标准不断完善。因为国家标准化体系建设规划对生鲜农产品市场的利好政策，未来我国生鲜市场具有很好的政策发展环境。在国家惠农政策的扶持下，我国农产品交易规模逐年增长。2015年农产品市场交易总额达4.8万亿元，同比增长24.8%；2015年中国生鲜电商市场交易规模达497.1亿元，同比增长80.8%。

一方面，中国生鲜产品总体产量连年增收，为生鲜电商的发展奠定了良好的货源基础；另一方面，随着人均居民消费支出不断提高，居民生活质量不断提升，对食品品质、安全、便捷性方面提出了更高的需求。供需两旺共同促进生鲜电商发展，农产品产量持续上升，城镇居民人均消费支出快速增长，为生鲜电商的发展孕育了空间。两方面共同增强了生鲜电商行业从业者的热情。

技术升级也为生鲜电商发展奠定了基础。农业、信息、物流技术改善生鲜电商的产品与流通。农业种植技术升级，提高了农产品的产量，为生鲜电商发展提供了基本条件；大数据精准分析市场需求，能够指导生鲜电商提供适销对路的产品；物联网搭建生鲜电商物流追踪系统，提高配送效率；冷链技术快速提升，保证生鲜产品在运输中的质量，为生鲜电商发展提供了最直接的技术支持。

四、双十一：群战生鲜

2015年，各色电商巨头均进军生鲜电商。比如，京东7000万美元领投天天果园；阿里巴巴投资易果网；亚马逊公布生鲜馆；苏宁超市上线苏鲜生，进军生鲜品类；华润万家上线e万家，主营生鲜类目；步步高则高调打造云猴生鲜。这些综合电商平台在过去的一年里大力开拓生鲜市场，形成激烈的竞争格局。

生鲜产品成为2015年双十一的一个竞争焦点。10月10日在云南褚橙庄园内，褚时健家族旗下金泰果品、恒冠泰达两家公司与阿里巴巴集团宣布达成独家战略合作。褚时健父子在天猫独家开设“褚氏新选水果旗舰店”，所售农产品与阿里巴巴集团满天星计划开展深度合作。“云冠橙”当日起在天猫开始预售，旗下新品“云冠红心青柚”也于同一时间在天猫喵鲜生首发。百度则在双十一前夕领投了中粮网。

五、生鲜行业的未来调整

未来的中国生鲜电商市场，要树立从源头上把控成本的意识；在质量方面，把控源头质量更可控，如中粮我买网多项标准把控产品质量。冷链物流直接关系着生鲜的质量，因此，未来生鲜电商可以通过自建或合作的方式，冷链物流与生鲜电商不可分割，是未来生鲜电商企业首要解决的问题；如中粮我买网巨资投入全国冷链物流建设。加强粮食流通，鲜活农产品、中药材流通溯源；完善全链条的农产品安全保障标准体系；建立现代农业标准化示范和推广体系，建设现代物流标准化工程。完善物流标准体系，制定基础类、通信类及中药类物流标准；实施商贸物流标准化专项行动计划，开展物流标准化试点；积极采用适合我国物流业发展的国际先进标准，在电子商务物流、快递物流等优势领域争取突破国际标准。此外，减少库存、降低库存压力是生鲜电商企业减少成本和保证产品质量的前提，如一米鲜、拼好货，在保障消费体验的同时降低了库存压力。生鲜行业也应当将线上与线下结合起来，注重线下体验，用移动端与线下体验相结合O2O的模式增强体验感，如天天果园的线下实体店、沱沱工社的沱沱农场等。生鲜电商行业也要注重资源整合，如上下游资源的整合，企业根据自身的优势以及资源确定自身在何处发力；未来的生鲜电商企业在同质化的模式下比拼的将是资源。线上和线下两个场景互有优势且无法替代，生鲜O2O模式更适合消费者购买生鲜产品的消费习惯，能够提升消费者体验，为传统线下企业参与提供机会。

综合以上分析，在2015年，中国生鲜电商市场发展迅速，保持着超高的交易增长率，电商平台对生鲜行业的吸引力巨大。2015年中国生鲜电商行业在移动端的消费量更高，消费升级，用户对食品安全的注重、对品质生活的追求使得市场竞争激烈，这都要求未来的生鲜电商进一步增强自身实力。受行业内技术、资本、消费观念等利好因素的影响，更多优质企业入局生鲜电商行业也将会催生更多模式，推动电商渗透率增长，生鲜电商行业将进入加速期，生鲜产品逐渐品牌化，生鲜电商市场必将从一片“蓝海”变为激烈竞争的“红海”。

时尚碰撞：电商购物新体验

电商的时尚化之路

微电商的强势来袭，使传统电商意识到了必须要改变。从2014年开始，“时尚化”便成为电子商务领域的热门关键词，那么应该如何来改变？当今，产品力才是电商的主要竞争力，于是各大电商动作不断，但布局则殊途同归——时尚化。2014年8月，天猫发布了时尚战略，通过打造时尚媒体立体营销体系，建立电商时尚生态圈。2015天猫新风尚，5000多个品牌超百万商品在天猫新品首发。同时，12家时尚媒体入驻天猫媒体站，并发布2015春夏潮流趋势，同时，为消费者提供与国际时尚界同步的时尚趋势和潮流资讯，以及与T台同步的品牌全网新品首发，还有“边看边买”的创新服务。京东也宣布与《时尚芭莎》展开深度合作，改变京东用户男女比例失调的局面，并在下半年推出了针对女性时尚穿搭的“京致衣橱”APP。当当更换品牌logo强调当当的时尚属性，向时尚电商转型。从内部开始，当当网在官微上发布了《当当网员工二十二条时尚军规》，引导所有当当人变身“时尚达人”。《时尚军规》一经发布就被评论说是一部时尚宝典，是职场“时尚逆袭”的执行标准。随后，CEO李国庆还给服装事业部全体员工发了一封长长的邮件《从基因改变自己》，要求所有员工“要大胆挑战自己，让自己更潮、更范儿，让整个公司的时尚基因膨胀起来”。可见，电商追逐“时尚”潮流的趋势都已粗具模型。

传统电商纷纷走时尚路线，一方面可以快速抓住年轻购物人群的心，另一方面也是电商品牌升级的迫切需求。不过，电商不能单纯为时尚化而时尚化，用时尚手段深挖用户购买习惯才是未来主流电商的主旋律。电商们争相为自身品牌打上时尚的烙印，这与电商的用户群体属性是分不开的，电商用户年轻化、个性化的体现越来越明显，如何网罗新用户并保持老用户的新鲜感，打时尚牌显然是顺应潮流之举。“时尚化是一个策略，也是电商企业未来的发展趋势。低价模式逐渐弱化，电商企业未来的竞争将更多地放在品牌影响力、创新服务和用户体验上。所以电商企业都开始向这些方面加大投入、探索实践，以期获得更长久的竞争力。”中国电子商务研究中心网络零售部主任莫岱青说。但时尚对于电商具体意味着什么？首先，代表商品的展示从货架到橱窗的转变。过去是摆在货架上供消费者快速挑选，如今陈列在橱窗里，并不单纯为了销售，同时也是为了展示品牌形象、设计主题、潮流趋势等，让消费者有更好的“逛”的体验；其次代表从提供商品到提供内容的转变。提供商品并非是全部，还要为消费者提供资讯、建议等。

深耕时尚的电商品牌

阿里2015年双十一打出的口号是“全球化、全渠道、全娱乐营销”，11月10日晚，阿里与湖南卫视首次合作推出双十一晚会，这让等待双十一购物狂欢的网民有了边看节目边买的体验。天猫联手湖南卫视推出的这档从制作到阵容堪比春晚的双十一晚会从一开场收视率就超过10%，然后一路飙升突破20%，是当晚第二名的三倍之多。随着晚会的进程，众多大咖的陆续登场，收视率也在不断攀高。让天猫平台商家惊喜的是，其品牌代言的明星在晚会演出后，该店铺就涌入了大量的粉丝。公开数据显示，其中郭采洁在晚会出现3分钟，韩束店铺流量激增20万UV（独立访客）。晚会中不断为自己品牌红酒狂卖广告的赵薇也没有白费努力，数据显示，赵薇在天猫开设的红酒品牌旗舰店访问量暴增10倍。而每年都要盯准天猫与之较劲的京东也不甘落后，联合灿星制作在央视3套推出京东的双十一晚会，曾成功打造《中国好声音》《蒙面歌王》等节目的灿星制作担任京东央视双十一晚会的制作团队。

京东双十一晚会宣传图

最终，现场直播的“天猫双十一狂欢夜”收视率高达29.66%，秒杀京东的“京喜夜”2.65%的收视率，强势占据全国所有同时段播出节目内容的榜首。

作为一台娱乐与消费结合的晚会无疑是成功的，双十一晚会的高收视率反映的是天猫平台在消费者心目中的品牌影响力，天猫成功打造了双十一购物狂欢节品牌，为全球消费者奉献了一场饕餮盛宴，这是阿里整合旗下娱乐和电商的一次试水。但其实，在这之前天猫就通过《女神新装》这样一个节目打造了电视与电商的跨界首秀，以时尚行业的流程为故事主线设计综艺节目框架，将通常至少需要几个月时间完成的设计、展示、订货、量产、销售环节高度浓缩在24小时之内，动用娴熟的综艺手段，成功地把电商与时尚结合在了一起。女装品牌茵曼作为买手在《女神新装》第一季中的植入效果显著，借力这一综艺节目，与节目捆绑建立品牌标志性印记，“茵曼=女神新装”成为节目不可或缺的一部分。

《女神新装》活动宣传图

与其说是《女神新装》找到了“宝船”，不如说是天猫与节目模式“情投意合”。天猫之前与央视合作同步首发《舌尖上的中国2》的食材和食谱，让消费者边看电视边选购，已使天猫找到了利用电视节目形成购买主题的全新模式。《爸爸去哪儿2》随后也在天猫启动边看边买专题。不过，直到与《女神新装》携手，电视内容才真正直接生成产品，完成“所见即可买”。这种破冰转型，得益于电视与互联网的跨界联手，也完成了天猫时尚化战略中的关键一步。

随着电商行业的发展逐渐成熟，消费者的需求也开始朝着时尚化、多元化升级，从商品的功能性消费逐步向品牌化、体验式消费过渡升级。消费者不再满足于千篇一律的产品供应模式，而是期望能够通过电子商务渠道，购买和享受到能彰显自身价值与个性、体现其品位与时尚感的产品和服务。今天的时尚消费已经成为人们追求高品质生活、个性化消费的一种符号。为此，天猫发布了与设计师的合作计划，但问题也接踵而来，设计师的作品不像品牌一样进行批量的生产。比如，京东有很多高端的客户，设计师的尝试是为了给这些客户提供更加多元化且风格化的服装选择。目前，O2O的方式也被广为应用，技术的手段和设计师的配合应该是没有问题的，不排除日后京东涉足服装高级定制服务。但真正的时尚是个性化的，时尚人士的大忌就是与别人撞衫。而将设计师与用户直接对接，似乎是个不错的思路。实际上，通过互联网的手段，整合设计师资源，协同制造，这并不是今天才有的玩法，但实际运作起来却有着诸多困难。天猫平台曾经出现过的D2C的设计师店铺，其方式就是整合设计师的设计资源，每一款服装的设计稿都会展现给用户。当用户的下单量达到一定的数量，产品再送去工厂打版制造，然后送到用户手中。这种模式看上去可以缩短供应链，实际上却并没有顺利地运营下去。服装和生产流程是设计—打版—生产，设计师的作品要最好地呈现出来需要良好的打版师，打版之后还需要修正，只有设计稿对接工厂无法保证服装的品质。另外，这种设计师到用户的做法需要用户等待更长的时间。这往往使得用户体验很差。最重要的是，设计师作品没有达到一定数量级，很难找到好的工厂进行生产，质量便难以保证。也有B2C企业尝试整合设计师，并聘用高级的打版师解决打版的问题。但独立B2C的流量又成为一个瓶颈，用户量的缺失很难使这样的B2C平台成长起来。所以，无论是京东还是天猫，要想真正打造时尚生态链，必须通过平台之力解决供应链的问题。

垂直类时尚电商新势力

近些年来，女性经济地位提升，消费能力大大提高，成为网络购物中不可忽视的中坚力量。现代女性品牌观念逐渐增强，消费金额和消费频次持续增加，以女性用户为主要目标的垂直型电子商务网站迅速崛起并在激烈的市场竞争中占有了一席之地，尤其是服装鞋包和化妆品在网购消费者中十分受欢迎，这为垂直女性时尚电商网站的发展提供了良好的基础。正所谓“电商得女性者得天下”。尽管淘宝、天猫商城、京东商城等综合性电子商务平台已经可以满足一般购物需求，但现代人消费层次有了极大的提升，开始追求个性化的商品以及更专业的服务，市场逐渐向精细化方向发展。所以，尽管电商都能走时尚之路，但综合电商和垂直电商就如大市场与专业市场的区别，大市场拥有巨大的用户量和交易额，但其利润低；专业的垂直电商利润较高、用户黏度强、社会群体的区分度高，因此垂直类时尚电商也成为电商时尚化的一股新势力。不论是以美丽说、蘑菇街为代表的买手搭配类电商，还是魅力惠、走秀网等奢侈品类电商，相较天猫、京东等平台型综合类电商，都在时尚化上占据更大的天然客群优势，能够在细分领域，针对特定的垂直人群，提供更全面的体验与服务。

电商运营能力是可以培养的，但时尚、流行不是简单培养可以掌握的，必须通过多年实践才能养成。作为垂直电商的一类，中国时尚电商众多，竞争激烈，最突出的问题是商业模式不清晰。早期时尚电商在资本市场并不受欢迎，唯品会从时尚电商转型特卖电商后才迎来资本市场的认可，股价持续攀升。相反，不论是美丽说还是蘑菇街，其商业模式也都不够清晰。比如，蘑菇街就前后几次调整方向，2014年8月宣布转型“时尚买手”，进军化妆品特卖；2016年年初又宣布重新由垂直电商转向社会化电商，帮助时尚达人开店，形成个人品牌社区。电商时尚化是消费者购买理念转变与电商品牌升级共同需求下的产物，同时也是未来电商最大的竞争力之一。新技术和新潮流的推动，必将使时尚成为电商运作的新亮点，种种时尚电商的发展速度都让人瞩目，但谁能最终引领时尚让我们拭目以待。

图书在版编目(CIP)数据

制胜营销：2015金麦奖营销案例精粹 / 金麦奖组委会编著.
— 北京：红旗出版社,2016.8
ISBN 978-7-5051-3854-4

Ⅰ.①制… Ⅱ.①金… Ⅲ.①网络营销—案例
Ⅳ.①F713.361

中国版本图书馆CIP数据核字(2016)第199434

书　　名	制胜营销：2015金麦奖营销案例精粹		
编　　著	金麦奖组委会		
出 品 人	高海浩	责任校对	刘宁宁
总 监 制	李仁国	封面设计	淘宝天下
总 策 划	徐　澜	图片提供	吴冰冰
责任编辑	陈　桔　周婷婷		
出版发行	红旗出版社		
地　　址	(南方中心)杭州市体育场路178号		
邮　　编	310039	编 辑 部	0571-85310509
E-mail	672329804@qq.com	发 行 部	(北京)010-64037151 (杭州)0571-85311330
欢迎项目合作	项目电话　(杭州)0571-85310271		
图文排版	杭州美虹电脑设计有限公司		
印　　刷	杭州广育多莉印刷有限公司		
开　　本	710毫米×1000毫米	1/16	
字　　数	145千字	印　　张	10.75
版　　次	2016年8月北京第1版	2016年8月杭州第1次印刷	
书　　号	ISBN 978-7-5051-3854-4	定　　价	48.00元